SILK ROAD REVIVED: A NEW LEGEND

新丝路　新传奇

"一带一路"建设典型案例故事汇

《新丝路 新传奇："一带一路"建设典型案例故事汇》编写组◎编著

CASES OF THE BELT AND ROAD INITIATIVE PROJECTS

新 华 出 版 社

图书在版编目（CIP）数据

新丝路　新传奇："一带一路"建设典型案例故事汇 /
《新丝路 新传奇："一带一路"建设典型案例故事汇》编写组编著.
－－ 北京：新华出版社，2023.10（2025.2重印）
ISBN 978－7－5166－7137－5

Ⅰ.①新… Ⅱ.①新… Ⅲ.①"一带一路"－国际合作－案例 Ⅳ.①F125
中国国家版本馆CIP数据核字（2023）第202606号

新丝路　新传奇："一带一路"建设典型案例故事汇

编　　著：《新丝路 新传奇："一带一路"建设典型案例故事汇》编写组

出 版 人：匡乐成		出版统筹：许　新	
责任编辑：张　谦　于　梦　胡卓妮		封面设计：刘宝龙	

出版发行：新华出版社
地　　址：北京石景山区京原路8号　　邮　编：100040
网　　址：http://www.xinhuapub.com
经　　销：新华书店、新华出版社天猫旗舰店、京东旗舰店及各大网店
购书热线：010－63077122　　中国新闻书店购书热线：010－63072012

照　　排：六合方圆
印　　刷：大厂回族自治县众邦印务有限公司

成品尺寸：170mm×240mm　1/16
印　　张：20　　　　　　　　字　　数：240千字
版　　次：2023年12月第一版　　印　　次：2025年2月第二次印刷

书　　号：ISBN 978－7－5166－7137－5
定　　价：86.00元

前 言

长风万里启新程

　　这是一曲万里驼铃万里波的浩浩长歌，见证了古丝绸之路的盛况与繁华——

　　从长安到罗马，从泉州到麦加，古丝绸之路绵亘万里，延续千年，积淀了以和平合作、开放包容、互学互鉴、互利共赢为核心的丝路精神。

　　这是一项重大倡议，让延续千年的丝路重焕生机——

　　2013 年，顺应和平、发展、合作、共赢的时代潮流，习近平主席先后提出建设丝绸之路经济带和 21 世纪海上丝绸之路，即"一带一路"倡议，赋予了古丝绸之路以全新的时代内涵。

　　十多年来，从中国倡议走向国际实践，从理念转化为行动，从愿景转变为现实，无数"连心桥""繁荣港""幸福路"在"一带一路"沿线国家铺展，让亿万民众的生活就此改变，生动展示了合作发展、联动发展所蕴含的巨大力量。

　　从谋篇布局的"大写意"到精耕细作的"工笔画"，共建"一带一路"取得了实打实、沉甸甸的重大历史性成就，成为一项惠及全人类的伟大创举。各个领域合作数据的变化直观可见，是最好的例证：

——贸易合作量增质升。2013 年到 2022 年，我国与共建国家的货物贸易累计规模达到 19.1 万亿美元，实现年均 6.4% 的增速，这个增速既高于同期我国外贸整体增速，也高于同期全球贸易增速。中国是 110 多个共建国家的主要贸易伙伴，已经与 20 个共建国家签署了 14 个自贸协定，贸易自由化便利化水平在不断提升。

——双向投资成果丰硕。2013 年到 2022 年，我国与共建国家的累计双向投资超过 3800 亿美元，其中对共建国家的直接投资超过 2400 亿美元，涵盖经济社会发展的多个领域。我国还与共建国家合作建设了一系列的经贸合作区，截至 2022 年底累计投资已经超过 600 亿美元。同时，共建国家也积极投资中国，共享中国的发展机遇，十年来累计对华投资超过 1400 亿美元，在华新设的企业接近 6.7 万家。

——项目建设稳步推进。2013 年到 2022 年，我国在共建国家的承包工程年均完成营业额大约 1300 亿美元，建设了中老铁路、雅万高铁、蒙内铁路等一系列标志性项目，有效改善了东道国的基础设施条件，大幅提升了互联互通水平。同时，我国实施了菌草等一系列惠民生的"小而美"项目。大力推进绿色化、数字化发展合作，今年前 8 个月，我国与共建国家新签的节能环保类项目合同额同比增长 22%。

在这一过程中，双边合作机制不断巩固。"一带一路"全球伙伴关系网络逐年扩大，中国同 150 多个国家、30 多个国际组织签署了"一带一路"合作文件，"一带一路"倡议同 30 多个国家的发展战略及联合国 2030 年可持续发展议程有效对接，同东盟、非盟、欧亚经济联盟等地区组织的发展规划协同增效。

共建"一带一路"不仅给相关国家带来实实在在的利益，也为推进经济全球化健康发展、破解全球发展难题和完善全球治理体系做出积极贡献，开辟了人类共同实现现代化的新路径，推动构建人类命运共同体落地生根。

以促进全球贸易发展为例，共建"一带一路"有计划、有步骤地推进交通、信息等基础设施建设和贸易投资自由化便利化，消除了共建国家内部、跨国和区域间的交通运输瓶颈及贸易投资合作障碍，极大提升了对外贸易、跨境物流的便捷度和国内国际合作效率，构建起全方位、多层次、复合型的贸易畅通网络，推动建立全球贸易新格局，对全球贸易发展发挥了重要促进作用。

世界银行《"一带一路"经济学：交通走廊的机遇与风险》研究报告显示，共建"一带一路"倡议提出之前，六大经济走廊的贸易低于其潜力的 30%，外国直接投资低于其潜力的 70%；共建"一带一路"实施以来，仅通过基础设施建设，就可使全球贸易成本降低 1.8%，使中国—中亚—西亚经济走廊上的贸易成本降低 10%，为全球贸易便利化和经济增长做出重要贡献；将使参与国贸易增长 2.8%—9.7%、全球贸易增长 1.7%—6.2%、全球收入增加 0.7%—2.9%。

志合者，不以山海为远。在"一带一路"的项目建设和人文交往过程中，不同国籍、不同身份的人们走到一起，丝路相连、民心相通、命运与共，一个个真实鲜活、生动感人的故事展现了

中国梦与世界各国梦想相连，彰显了新时代中国为世界发展带来新的机遇、推动构建人类命运共同体的使命担当。

一花独放不是春，百花齐放春满园。展望未来，共建"一带一路"前景光明。中国将继续与所有共建国家一道，建设更加紧密的卫生合作伙伴关系、互联互通伙伴关系、绿色发展伙伴关系、开放包容伙伴关系、创新合作伙伴关系、廉洁共建伙伴关系，共同推进共建"一带一路"高质量发展行稳致远，为加快构建人类命运共同体汇聚更加强劲的动力和活力。

（新华社记者马卓言、王文博、王璐）

目录
Contents

中老铁路

——一条双向奔赴的『友谊之路』

中老铁路　高质量共建"一带一路"的标志性工程，也是老挝的第一条现代化铁路。它开通于 2021 年 12 月，全长 1035 公里，连接中国西南部云南省昆明市与老挝首都万象。中老铁路是两国互利合作的旗舰项目，推动拥有 700 多万人口的老挝实现"陆锁国"变为"陆

◀ "复兴号"列车通过中老铁路元江特大桥。（新华社记者　胡超摄）

联国"的战略。自开通运营以来，给中老两国的企业和民众带来了实实在在的机遇和红利，为沿线经济社会发展注入了强劲动力，真正成为一条发展路、幸福路、友谊路。

一条跨越山河的"钢铁巨龙"

全线累计发送旅客超 1900 万人次，验放来自 49 个国家和地区的出入境旅客；运输货物超 2400 万吨，跨境货物运输覆盖 10 余个国家和地区……自开通以来，中老铁路客货运输"量质齐升"。

北起中国昆明，南至老挝万象，全长 1035 公里的"钢铁巨龙"跨越山河，促进了中老两国以及共建"一带一路"国家间的经贸合作和文化交流，成为联通内外、辐射周边、双向互济的黄金大通道。

物资"双向奔赴"

"现在正值热带水果上市高峰期，每天都有来自东南亚国家的水果通过中老铁路运抵昆明。"中铁联集昆明分公司副总经理徐超介绍，"2023 年 7 月以来，通过中老铁路运抵昆明的榴莲、山竹等热带水果日均达到约 300 吨。"

"从泰国摘下来的榴莲用汽车运到老挝万象，再经中老铁路'澜湄快线'发往中国昆明，整个过程仅需 4 天。"广州市范果多贸易有限公司负责人范立刚说，运输准时准点，保障了榴莲品质，过去公司主要的市场在广东和青岛，现在准备依托中老铁路，拓展成都、贵州市场。

老挝琅勃拉邦省勐南县众和橡胶有限公司加工厂流水线上，一块块混合橡胶完成封装后存入仓库。每个月，该公司生产的 3000 吨产品会搭乘中老铁路国际货运列车，从琅勃拉邦站发往中国。

中老铁路开通后，老挝琅勃拉邦省勐南县众和橡胶有限公司把所有产品都交由铁路运输。"每吨能节省不少运费。"公司相关负责人杨仕贤介绍，运输成本的降低为员工收入的增长创造了条件。

如今，老挝出口至中国的木薯淀粉、薏仁米等货物每天通过中老铁路发往云南、四川、重庆等地，中国各地生产的肥料、百货、电子产品等源源不断地发往老挝。中老两国物资"双向奔赴"，促进中老铁路沿线商业交融共赢。

中国铁路昆明局集团有限公司统计数据显示，截至 2023 年 8 月 10 日，中老铁路累计运输跨境货物已超 450 万吨。

旅游"黄金通道"

2023 年 4 月 13 日，中老铁路国际旅客列车正式开行，昆明至万象可实现乘火车当日通达，两国民众往来更加便利，中老跨境旅游迎来发展利好。

中国昆明、玉溪、普洱、西双版纳，老挝琅勃拉邦、万荣、万象……中老铁路串起一颗颗明珠，沿线风情独特，旅游资源丰富，是纵贯中国与东南亚的黄金旅游通道。由昆明市发起成立的昆明国际友城旅游联盟正谋划着搭乘中老铁路"快车"，加快构建跨区域旅游协同发展新生态。

作为中老铁路黄金旅游线上的"网红"车站，西双版纳站不断刷新客流高峰。西双版纳傣族自治州文化和旅游局局长李强说，中老铁路满足了中老两国广大旅客跨境出行和出境旅游等需求，对推动两国旅游等产业发展具有十分重要的意义。

国内旅行社紧锣密鼓地组织"老挝游"的同时，老挝客商也嗅到了商机。

2023年，老挝青年王伟、闻鹏宇和其他投资人一起，在中国（云南）自由贸易试验区昆明片区综合服务中心注册成立了云南老中国际旅行社有限公司。"中国赴老挝的游客越来越多，我希望我们的旅行社作为桥梁，让更多的老挝人有机会到中国看看。"王伟说。

中老铁路国际旅客列车开行4个月期间，累计为49个国家和地区约5万名旅客实现跨境旅行。

2023年7月25日起，中老铁路实施新的列车运行图，昆明与万象间全程运行时间由此前的10小时30分钟压缩至9小时26分钟，缩短64分钟。中老铁路国际旅客列车正稳步迈向"从通到畅、从畅到快、从快到好"的目标。

友谊"新丝路"

2023年7月31日，老挝首批40名铁路教师在昆明铁道职业技术学院完成了为期1年半的专业知识学习。8月2日，他们返回老挝。

中老铁路结束了老挝没有铁路的历史。

"中国不仅帮助我们修建铁路，还在万象帮助我们建立了第一所铁道职业技术学院。我们40人是由老挝教育部选派到中国进行培训的老挝铁道职业技术学院的首批教师，我们会把在这里学到的铁路知识带回老挝。"参加培训学习的教师普塔加·西里冯在结业典礼上说。

中国积极为老挝培养铁路专业技术人才，通过采取编制出版汉老双语培训教材、师带徒实战演练等举措，提升中老铁路老挝籍员工的岗位素质能力，目前已有 500 多名老挝籍员工上岗参与作业。

老挝籍员工杨烨是琅勃拉邦维保中心万象南综合维修工区桥隧班的一员。

"刚接触这份工作时，不熟悉铁路专有名词，也不知道怎么使用各类工具，觉得自己无法胜任。在中国老师的指导下，我一步步克服困难，坚持了下来。"杨烨说。

中老铁路拉近两国距离，友谊的故事不断被书写。"铁轨的'硬联通'促进了中老两国人民的'心联通'。"云南省社科院东南亚研究所所长马勇说。

（新华社记者樊曦、丁怡全、赵旭）

泰国女生潘纳洛的中泰铁路情

在泰国东北部的呵叻府巴冲县中泰铁路施工现场，大型工程机械紧张作业，重型卡车穿梭往来，泰国女生潘纳洛和中泰两国工程师一起忙碌着。因为喜欢中国文化并看好中泰两国经贸合作前景，潘纳洛曾在中国留学多年。潘纳洛走访过中国许多地方，亲眼见证了高铁给沿线民众生活和经济发展带来的红利。

★ 潘纳洛（中）在泰国呵叻府的中泰铁路建设现场工作。

★ 潘纳洛（右）在泰国中泰铁路一期工程项目部监理总站与同事讨论工作。

获得中国南开大学语言学博士学位后，她回到泰国，应聘成为中泰铁路一期工程项目部监理总站的专职翻译。为了便于工作，潘纳洛现在住在呵叻府的外公外婆家。呵叻府是中泰铁路一期工程的终点，距离曼谷约 200 公里，受制于百年前建成的老旧铁路系统，目前两地坐火车单程要 4 个多小时。中泰铁路一期工程建成通车后将把两地单程时间缩短至 1 个多小时，给泰国铁路带来质的飞跃。

★ 这是在泰国呵叻府拍摄的中泰铁路建设现场。

★ 潘纳洛（右一）在泰国中泰铁路一期工程项目部监理总站和同事一起开会。

★ 潘纳洛在泰国呵叻府的中泰铁路建设现场工作时留影。

★ 潘纳洛在泰国呵叻府的中泰铁路建设现场记笔记。

　　潘纳洛和家人都希望中泰铁路一期工程早日通车。"从曼谷到呵叻，中泰铁路会经停不少小地方，通车后会给这些地方带来极大的交通便利，吸引游客前来，带动当地经济发展。"潘纳洛说。据泰国交通部轨道交通厅评估，中泰铁路一期工程预计2026年竣工通车，二期工程有望于2029年建成并投入使用。

★ 这是在泰国呵叻府拍摄的中泰铁路建设现场。

　　作为中泰共建"一带一路"的旗舰项目及泰国首条标准轨高速铁路，中泰铁路采用中国标准设计建造，一期工程连接曼谷和呵叻，二期工程将实现与中老铁路衔接，经老挝磨丁和中国磨憨，可以抵达昆明。

　　"2012 年，我搭乘长途汽车从昆明回清迈一共用了 20 多个小时，一路上非常辛苦。将来中泰铁路通车，我要乘高铁舒舒服服地去昆明。"潘纳洛说，她希望能早日体验自己亲手参与建设的铁路。

　　（新华社记者王腾）

中欧班列

——『一带一路』上的小火车

中欧班列 2013年，中国提出共建"一带一路"倡议，中欧班列作为丝路上的"钢铁驼队"驰而不息。10年间，中欧班列联通中国境内108个城市，通达欧洲25个国家208个城市。中欧班列让"一带一路"倡议下的重要交通"大动脉"活跃了起来，一列列小火车不仅连接了欧亚大陆两端，而且拉近了沿途所经地区人民的距离，提高了沿线人民的生活质量。

★浙江省金华市华东国际联运港，一辆"义新欧"中欧班列装载着货物，启程驶向哈萨克斯坦。（新华社发 胡肖飞摄）

一支驰而不息的"钢铁驼队"

  家住西班牙马加拉的胡安·卡洛斯在电商平台速卖通上下单了一款产自中国的吸顶灯。第二天，快递员便按响了他家的门铃，将产品送到他手上。

  "太惊喜了！物流时效快得超乎想象！"胡安·卡洛斯评价道。

  这款吸顶灯由位于西班牙阿尔卡拉的千象盒子物流仓发出。在此之前，它从中国广东经陆运到达西安，再乘坐中欧班列长安号，经过20天到达物流仓，同其他10万余种产品一样，被送往欧洲各地的消费者手里。

  这种极速的购物体验，得益于运行了10年之久的中欧班列带来的物流红利。2013年，中国提出共建"一带一路"倡议，中欧班列作为丝路上的"钢铁驼队"驰而不息。10年间，中欧班列联通中国境内108个城市，通达欧洲25个国家208个城市。

  随着时代的变迁，丝绸之路的贸易形式也发生了变化，跨境电子商务因其"足不出户买全球"的优势受到世界各地越来越多消费者的青睐。

  走进千象盒子的物流仓，成排的货柜上摆满了商品，工人正在准备出库的订单。"物流仓占地12000平方米，每天平均发单量6000余件，通过与当地快递公司合作，保证西班牙国内的买家从下单到收件在2

天内完成。"千象盒子科技仓储深圳有限公司董事长牟锦文说。

　　成本低、时效强，中欧班列的运行精准地解决了跨境物流的痛点。在牟锦文印象中，2017 年以前，公司承接的跨国快递经海运送至买家手里需要 40 天左右。选择中欧班列后时间缩短至 20 天。"我们与亚马逊、速卖通等电商平台合作，目前已经在全球布局了 4 个海外仓，为平台企业提供一件代发、海外客服、售后维修、退换货等业务。"

　　在千象盒子科技仓储西班牙分公司担任管理总监的迭戈·西马德维拉表示："中欧班列改善了两国之间的运输条件，大大缩短了交货时间，也更环保、更安全，具有可持续、稳定和经济的竞争优势，也能让更多西班牙的特色产品进入中国这个'大市场'。"

　　越来越多从事跨境电商的企业家们达成共识，中欧班列不仅为"一

★ 2020 年 6 月 5 日，满载防疫物资的"义新欧"中欧班列（义乌—马德里）在义乌西站启程，前往西班牙首都马德里。（新华社发　吕斌摄）

★ 这是 2022 年 7 月 29 日拍摄的安徽合肥至匈牙利布达佩斯的中欧班列从合肥北站物流基地驶出。（新华社发　宋炎骏摄）

带一路"沿线的内陆城市提供了更便捷的物流条件，也为企业降低了资金风险，完善了物流链条，带来了更多利润。

中国海关总署统计数据显示，2022 年中国跨境电商进出口规模达到 2.1 万亿元人民币，比 2021 年增长 7.1%，跨境电商为中国稳外

贸和促消费注入了新动能。

　　再看中欧班列长安号的始发地，中国西安国际港务区内，正是一派热火朝天的景象：

　　进出园区的货运卡车络绎不绝，龙门吊不停地转运着来自世界各地的集装箱……得益于长安号的辐射带动效应，多家跨境电商上下游企业落户此地，其中不乏从事跨境直播带货的卖家。

"挑选好心仪的款式，点击鼠标付款后就可以送货上门，还可以享受14天退换服务。"镜头前，来自格鲁吉亚的主播萨利正在用英文向海外观众介绍面前精致的耳环与项链。

"中国的服饰、箱包和饰品，款式漂亮、价格实惠，通过我的介绍让不同国家的观众了解它们并成功下单，是非常有成就感的事情。"萨利说。

微聚繁星全球跨境直播基地于2023年年初在西安国际港务区成立，目前有8个电商直播间，近80名中外籍主播每周完成近50场直播。负责人王芳说："我们看重的是中欧班列长安号带来的低成本国

★ 这是2023年7月10日拍摄的从德国杜伊斯堡返回中国西安国际港站的X8008次中欧班列。（新华社记者 张博文摄）

际物流服务和完善的供应链配套。"

跨境电商也成为传统贸易数字化转型的重要方向。陕西康佳智能家电有限公司于 2022 年 11 月落户西安国际港务区，目前已经将跨境电商业务提上了日程。"中国的电器类产品在海外市场很受欢迎，2022 年我们通过长安号发运 9 个专列，销售洗衣机 3.2 万台。开通跨境电商业务也是中国品牌走出去的重要一步。"总经理陈钊说。

2022 年，中欧班列长安号开行 4639 列，其中跨境电商专列 198 列，增速超 60%。同年，西安国际港务区跨境电商交易额 35.1 亿元，同比增长约 40.4%。"一带一路"倡议通过跨境电商织成了一张惠及多方的"红利网"。目前，长安号共有国际运输干线 17 条，实现了欧亚地区主要货源地全覆盖。

中哈夫妻元朝辉和阿妮塔是首届"丝路友好使者"，2014 年，二人在"一带一路"倡议提出后不久，便看到了"跨境电商"的商机。从哈萨克斯坦卡拉干达州的一间实体代购店开始，阿妮塔夫妇创立了"丝路城"电商平台，目前已在哈萨克斯坦、俄罗斯、白俄罗斯设有 6 个海外仓，拥有 300 余家中国供应商和 2000 余家丝路驿站。

阿妮塔还将直播带货的形式引入哈萨克斯坦，与当地 2000 多名年轻人合作。"只需要拿起手机拍摄、分享产品的相关视频，就能拿到佣金，这为很多年轻人创造了就业和创业的机会。"阿妮塔说。

"我们很幸运，享受到了'一带一路'和中欧班列带来的红利，也希望这条'钢铁驼队'能把红利带给更多人。"阿妮塔表示。

（新华社记者李亚楠、张思洁、张博文、孟鼎博）

守护中欧班列运输通道的"铁木兰"

　　穿着厚厚的工装，拿着轨距尺、检查锤，一天一走就是10多公里，俯身观察，跪地拧螺丝超千次……这就是铁路部门线路工的工作。

★ 在杜尔伯特火车站9号线，女子检验班进行作业。

　　在中国铁路哈尔滨局集团有限公司大庆工务段杜尔伯特线路车间，有一个由6人组成的女子检验班，她们平均年龄29岁。

　　虽然成立不足2年，女子检验班却肩负重任。她们负责的工区里

★ 女子检验班在滨洲线 199 公里处的合影。

除了粮食和石油运输线，还有滨洲线 148 公里上下行线路，是中欧班列东部运输通道的重要一环，年过货量达 1.5 亿吨，高峰期平均每 13 分钟就有一趟列车经过。

★ 女子检验班前往高家伊品走行线进行作业。

★ 在杜尔伯特火车站9号线，女子检验班的曹妍趴在铁道线上观察线路高低。

　　由于工区线路经过扎龙湿地，铁轨路基含水量高，冻害严重，日常检修任务量大。夏天日晒雨淋、冬天顶风冒雪，但艰苦的条件没有让她们畏惧，反而激发了她们的战斗热情，她们成为工友眼中的"铁木兰"。

（新华社记者张涛）

雅万高铁

——跋山涉水的钢铁巨龙

雅万高铁 印尼和东南亚第一条高速铁路，连接印尼首都雅加达和旅游名城万隆市，全长142.3公里，最高运营时速350公里。项目启用后，印尼首都雅加达和旅游名城万隆的通行时间从3个多小时缩短至40多分钟，有效缓解了两地通勤交通压力。雅万高铁是中印尼两国高度关注的共建"一带一路"旗舰项目，是国际上首个由政府主导搭台、两国企业合作建设和管理的高铁项目。8年来，两国政府、有关企业和铁路建设者们为雅万高铁建设付出巨大努力。双方团队同心协力，在勘察设计、工程施工、装备制造、运营管理、人才培养、技术分享等方面展开全方位、全要素、全系统合作，生动诠释了"一带一路"倡议所秉持的共商、共建、共享理念。

★ 这是 2023 年 9 月 30 日在印度尼西亚普哇加达拍摄的一列行驶中的雅万高铁高速动车组。
（新华社记者　徐钦摄）

雅万高铁是如何炼成的?

连接印度尼西亚首都雅加达与西爪哇省首府万隆的雅万高铁2023年10月2日正式启用。这一在爪哇岛上跋山涉水的"钢铁巨龙"又一次擦亮了"中国高铁"这块金色名片。

雅万高铁全线共有13座隧道、56座桥梁,桥隧比例达76%。全线共计26处控制性、重难点工程,包括连续梁、钢桁梁、隧道、路基、

★ 这是在印度尼西亚帕达拉朗拍摄的一列行驶中的雅万高铁高速动车组。(新华社记者 徐钦摄)

车站、动车所等。两国建设者们勇于攻坚克难，一同以高标准、高质量完成任务。

创新工法打通隧道

雅万高铁沿线火山地质突出，施工前通过勘察设计已最大限度绕避不良地质，但土质松软、含水量高的软弱围岩仍给隧道施工带来了不少麻烦。

位于万隆市郊区的 10 号隧道是全线施工风险最高的隧道。隧道在进口段下穿曲线半径仅 200 米的既有运营铁路，施工极易引起既有铁路路基沉降。

★ 2023 年 5 月 1 日，在印度尼西亚万隆，建设者在雅万高铁德卡鲁尔动车所施工现场作业。（新华社发　任卫云摄）

"数名中方专家在实地调研的基础上制定专项设计方案,采用纵横抬梁加固、双层大管棚等多种工法,克服围岩软弱、含水量大等困难,有效控制了既有铁路沉降。"负责建设的中铁三局雅万项目部桥隧工区总工程师郭玉朋说。

印尼交通部长布迪·卡里亚·苏马迪表示,中方建设者在雅万高铁修建过程中展现的专业能力、执行力和奉献精神值得印尼方学习。

在西爪哇省普哇加达县西南侧,全长 1052 米、最大埋深 53.6 米的 2 号隧道是全线施工难度最大的隧道,隧道洞身范围主要是膨胀性泥岩,遇水弱化快,开挖时极易导致溜塌。

"隧道抢修的时候,两国工作人员都是三班倒、日夜连续施工。

★ 2023 年 4 月 30 日,在印度尼西亚万隆,中铁电气化局印尼雅万高铁项目部施工人员进行高铁接触网附加线架设工作。(新华社发 李培养摄)

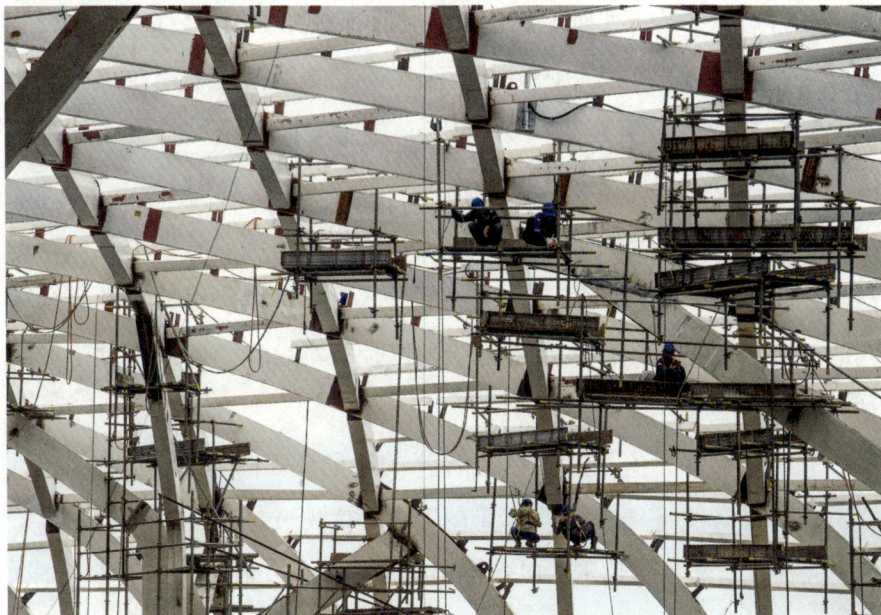

★ 2023年3月31日，在印度尼西亚雅加达雅万高铁哈利姆车站，工人进行施工作业。（新华社发　维里摄）

中国同事们尽全力战胜困难的决心很打动人。"施工现场安全员亨德利·费尔南达说。

负责施工的中国电建水电七局项目分部经理周朝德介绍，60余名隧道和注浆专业骨干因地制宜地采取地表灌浆加钢管桩的方法来加固地层，采用洞内双侧壁施工等特殊工法，有效控制了沉降变形，确保隧道施工安全顺利推进。

克服外部干扰架设箱梁

雅万高铁全线桥梁总长88公里，需跨越河流、公路或既有铁路，复杂的外部空间关系给箱梁架设出了不少难题。

雅万高铁2号特大桥全长36公里，紧邻雅加达至万隆的高速公路，设置了24联连续梁。其中DK9连续梁跨越3层高速公路匝道，主墩距高速公路匝道最近距离仅20厘米，施工空间狭窄，是全线施工环境最复杂、受外界干扰最大的重难点控制性工程。

负责施工的中国电建水电八局项目部经理蒋鸿雁告诉记者，在国铁集团国际公司牵头组织下，项目部投入大量资源，保证多处连续梁同时施工，通过与中南大学进行线性监控技术合作，确保连续梁群顺利合龙。

大工程的背后少不了"添砖加瓦"的印尼员工们。负责桥梁、路基、轨道板铺设等线下工程的项目部在用工时优先选择附近村民，并组织焊接、泥瓦、装吊等培训，以帮助他们快速掌握工作标准与质量要求。

苏蒂约今年43岁，5年前来到项目部工作。"（来项目部后）

★ 在印度尼西亚万隆，试验高速动车组驶出雅万高铁德卡鲁尔车站。（新华社记者　徐钦摄）

工资涨了近 30%。"他说。

万隆往雅加达方向 DK1114 桥上架设的箱梁是全线唯一跨既有铁路箱梁架设工程。对建设团队来说,把单榀长 32.6 米、重 700 吨的箱梁架设在每天有很多趟列车来往的老旧铁路上,是一个巨大考验。

"我和队友们的任务就是把过往列车信息做精准统计,起止时间精确到秒,如果有出入,就会直接影响施工安全。"4 号梁场安全员维拉说。

基于实地采集到的信息,施工单位选定深夜两个无列车通过时间段施工。当晚上最后一趟列车驶过后,中国制造的提梁机与过隧运架设备等各类大型机械设备便快速入场。

★ 在印度尼西亚雅加达哈利姆高铁站,雅万高铁高速动车组停靠在站台上。(新华社记者 徐钦摄)

"虽然施工时间紧，但是节奏不乱，按照计划又好又快地把梁架起来了。如果不是亲身经历，很难想象这个难度巨大的工程该如何完成。"维拉说。经过3个日夜连续奋战攻坚，跨既有铁路箱梁架设顺利完成。

中国机械装备"显身手"

在雅万高铁建设过程中，不难看到大型机械设备的身影，这些从中国漂洋过海而来的设备为安全高效施工立下汗马功劳。

全长1885米、最大埋深34米的雅万高铁1号隧道是目前东南亚地区最大铁路盾构隧道。1号隧道在施工中使用了来自江苏苏州的中交天和机械设备制造有限公司自主研发制造的超大直径盾构机，开挖直径达13.23米。1号隧道下穿在建轻轨、高速公路和建筑物密集区，侧穿两座清真寺，地下水和地表水丰富，洞身经过稳定性差的火山堆积层，施工条件复杂，对穿行地下的盾构机性能要求很高。

中交天和雅万高铁项目部经理路小民告诉记者，该盾构机采用了世界先进的泥水分层逆洗循环技术，能有效应对施工风险。盾构机在1号隧道中共掘进1469米，刀具实际最大磨损量仅35毫米，实现了超长距离掘进不换刀，进一步减少了换刀带来的安全风险。

位于万隆的动车所是高铁列车保养整修基地，也是雅万高铁全线控制性、重难点工程之一。

"动车所所在区域有深度22米到25米的软土地基，土质为火山灰沉积软土，承载力低，不利于上部结构稳定，因此给地基处理造成了一定麻烦。"中铁四局德卡鲁尔车站项目部总工程师朱承全说，从中国运到印尼的塑料排水板插板机派上了大用场。该设备不仅施工效

★ 一列雅万高铁动车组停靠在印度尼西亚帕达拉朗车站。（新华社记者　徐钦摄）

率高，而且成本相对低廉，为印尼以后的软土地基项目施工提供了新方法。

负责雅万高铁项目建设和运营的印尼中国高速铁路有限公司董事总经理德维亚纳·斯拉梅·里亚迪表示，印尼方承包商是第一次参与高铁建设，在建设过程中得到了中方企业的支持和帮助。两国建设者们并肩作战，克服施工过程中的种种困难和障碍，携手合作推动项目建设。

（新华社记者汪奥娜、杨丁淼）

★ 在印度尼西亚万隆，雅万高铁高速动车组停靠在雅万高铁德卡鲁尔动车所附近。（新华社记者　徐钦摄）

将专业知识与技术留在当地

——雅万高铁建设助力印尼人才培养

"我想成为印度尼西亚第一批高铁司机。"34岁的印尼火车司机塞蒂亚万说。塞蒂亚万已有10年驾驶火车的经验，被选为雅万高铁项目首批接受培训的印尼高铁司机之一。在完成半年线上理论培训

★ 在印度尼西亚万隆的雅万高铁德卡鲁尔动车所内，印尼火车司机塞蒂亚万（右）和中国师傅穆振在一起。

后，塞蒂亚万开始跟着师傅——中国铁路北京局集团公司动车组司机穆振上实操课。

雅万高铁连接印尼首都雅加达和万隆，是中国高铁首个全系统、全要素、全产业链在海外建设项目。"师傅带徒弟"、手把手为当地员工传授高铁专业知识和技术，不仅在雅万高铁工程建设和后期运营维护中发挥重要作用，而且助力印尼铁路人才的培养。

"相较于驾驶普通火车，驾驶速度如此快的高铁，对司机的注意力、操作熟练度和灵活应变能力的要求要高很多。一定要跟着中国老师好好学本领。"塞蒂亚万说。

★ 这是2023年5月22日拍摄的行驶在印度尼西亚雅万高铁沿线的雅万高铁综合检测列车。
（新华社发　中国铁路国际有限公司供图）

在高铁模拟驾驶室中，塞蒂亚万右手紧握调速手柄。穆振提醒他要放松，过于紧张会导致误操作。"快到站了，该减速，但也不能减得过快。"穆振耐心地为塞蒂亚万讲解。

"塞蒂亚万是我的第一个印尼'徒弟'，我会把自己掌握的技巧毫无保留地教给他，希望他可以尽快独立操作。"穆振说。

中方团队除了通过"师傅带徒弟"这种一对一培养工程师与技术员，还通过就近吸纳村民并组织培训等方式培养了大批焊接、电力、机械等熟练技术工人。据印尼中国高速铁路有限公司统计，雅万高铁建设期间，接受培训的印尼员工累计约 4.5 万人次。

★ 这是在印度尼西亚万隆的雅万高铁德卡鲁尔动车所附近拍摄的一辆雅万高铁列车。（新华社记者 徐钦摄）

★ 在印度尼西亚万隆的雅万高铁德卡鲁尔动车所内，中国师傅穆振（左）在向印尼火车司机塞蒂亚万讲解动车组出库前的上电作业。

★ 在印度尼西亚勿加泗雅万高铁二号特大桥附近的工地上，印尼叉车司机苏蒂约在操作叉车。

★ 在印度尼西亚万隆的雅万高铁德卡鲁尔车站，部分雅万高铁运维人员在接受线下培训时合影。

"2018年我来到项目部工作并接受培训，掌握了专业的叉车操作技能。"来自西爪哇省勿加泗县的苏蒂约说。他边说边从钱包里拿出2021年由印尼劳工部颁发的叉车操作许可证。"有了这个证，就代表有技术，以后就不怕找不到好工作。"

23岁的瓦尔达尼正在接受中方运维管理团队的线下培训。"我和同事们都很珍惜这样的学习机会。"她说。

"我主要负责操作旅客服务系统，管理站内大屏幕、广播、闸机等，培训完通过考核之后会在卡拉旺车站上岗，以后说不定能在

★ 2023 年 7 月 24 日，在印度尼西亚雅加达，印尼中国高速铁路有限公司董事总经理德维亚纳·斯拉梅·里亚迪接受新华社记者专访。

车站里听到我的声音。"瓦尔达尼充满期待地说。

　　印尼中国高速铁路有限公司董事总经理德维亚纳·斯拉梅·里亚迪日前在雅加达对记者表示，从建设到运维，中方团队尽全力传授高铁相关领域专业知识，帮助印尼培养人才，并实现铁路技术升级，印尼将在未来很长一段时间从中受益。

（新华社记者汪奥娜、徐钦）

蒙内铁路

——为肯尼亚铺就一条幸福路

蒙内铁路 中非合作论坛约翰内斯堡峰会确定的"十大合作计划"的重要成果，也是中国落实"一带一路"倡议的务实举措，它连接东非第一大港口蒙巴萨和肯尼亚首都内罗毕，全长约480公里，是一条采用中国标准、中国技术、中国装备建造的现代化铁路。2017年5月31日，蒙内铁路建成通车。自通车以来，蒙内铁路宛如一条"大动脉"，加快了肯尼亚现代化的步伐，也推动了东非地区互联互通和中非合作共赢。

★ 在肯尼亚蒙巴萨，当地民众在中国承制的蒙内铁路首批内燃机车旁载歌载舞。（新华社记者 孙瑞博摄）

铁路与动物和谐相处

——肯尼亚"旗舰工程"展现中企环保理念

"中国修建的肯尼亚标轨铁路基本不会影响生活在沿线的野生动物，它们似乎从不在乎有列车从头顶驶过。"非洲之星铁路运营有限责任公司工务车间技术主管奥贝德·基鲁瓦说。

在有着动物大迁徙圣地之称的东非国家肯尼亚，这条目前全长约600公里的标轨铁路是肯尼亚独立以来的最大基础设施建设项目，也是肯尼亚实现 2030 年国家发展愿景的"旗舰工程"，是中非合作的典范工程之一。

铁路由中国路桥工程有限责任公司承建，并由其子公司非洲之星铁路运营有限责任公司负责运营维护。目前，该标轨铁路分为约 480公里的蒙巴萨至内罗毕段（即蒙内铁路）和约 120 公里的内罗毕至苏苏瓦段（即内罗毕-马拉巴标轨铁路一期），穿过肯尼亚最大的野生动物保护区察沃国家公园以及内罗毕国家公园。内罗毕国家公园距离内罗毕市区约 7 公里，是世界上为数不多的位于国家首都市区的国家公园。在这片约 117 平方公里的热带草原和林地上，生活着近百种哺乳动物和 500 多种鸟类。

基鲁瓦说，肯尼亚的这条现代化铁路从设计到施工，再到运营，均严格遵守各项环保指标，以确保铁路和野生动物和谐相处。中方在项目设计中就考虑如何最大程度地降低对环境的影响，尤其是要保护野生动物迁徙通道。为保证铁路建成后野生动物尤其是大型动物，如长颈鹿、大象的自由通行，铁路一期采用了特大桥全程穿越公园方案，最低桥墩超 6 米。

"我亲眼见证了中国建设者们为了让铁路工程与自然环境和谐共存所做出的不懈努力。"基鲁瓦说，"在铁路设计中，建设者们借鉴了荷兰 A50 公路、德国 B38 公路和中国青藏铁路的设计经验，采取了一系列保护动物的措施。"铁路运营方数据显示，肯尼亚标轨铁路全线共设置 14 个大型野生动物通道，建设 108 座桥梁和数百处涵洞，以保证野生动物自由穿行。

不仅如此，中方建设者还在横跨内罗毕国家公园的特大桥护栏两侧安装了声屏障，极大地降低了列车通过国家公园时的噪声，最大程度地减少对野生动物的影响。基鲁瓦和同事们平均每月检查一次声屏障是否出现故障或因天气而损坏。不过，在铁路开通运行之前，基鲁瓦并不知道什么是声屏障。他和很多当地居民一样，担心列车通行产生的噪声会使野生动物受惊，影响它们的迁徙。

"中国技术和环保理念证明我的担心是多余的。"基鲁瓦说，不仅是肯尼亚政府，联合国环境规划署等国际机构均十分关注内罗毕国家公园的动植物生存状况，他们对蒙内铁路沿线生物多样性的保护成果表示了肯定。得益于声屏障，动物们几乎不把列车通行当回事。基鲁瓦时常能看到一些野生动物在铁路大桥下的桥洞中休息。

非洲之星铁路运营有限责任公司内罗毕工电维修车间副主任张正义说，自 2017 年通车运行至今，铁路运营的理念一直是绿色、开放、协调、共享，他们在运营维护过程中坚持做好降尘、降噪、污水净化、废油回收利用等工作，最大限度地减少运营维护对当地生态环境的影响，实现铁路运输与野生动植物和谐共处。他回忆起第一次在内罗毕国家公园的铁路线上看到犀牛的情景："几年前，当时我在铁路线上巡查检修，看到犀牛一家正在大桥附近休息，小犀牛太可爱了，一点也不怕列车。"现在，他已经对这样的场景司空见惯。

肯尼亚标轨铁路在应对气候变化方面的作用也受到环境专家称赞，因为该铁路运送每吨货物产生的二氧化碳要比公路运输少得多。

非洲野生生物基金会肯尼亚地区负责人南希·吉泰加说，修建桥梁和动物通道有助于保护标志性野生动物物种。"肯尼亚标轨铁路所采取的野生动物保护措施为未来肯尼亚开发大型基础设施项目提供了借鉴与参考。"

肯尼亚是生物多样性最为丰富的国家之一，吸引着世界各地的游客。"如今，中国设计施工建设的肯尼亚标轨铁路也成为非洲的一道亮丽风景线，在这里，动物与铁路同行，人与自然共生。我们正走向绿色繁荣。"基鲁瓦说。

（新华社记者黎华玲）

蒙内铁路上的异国师徒情

中国"师父"蒋立平是非洲之星铁路运营公司机辆部的火车驾驶员，2018年他来到肯尼亚，负责驾驶员日常技术业务培训、标准化作业监督指导等工作。霍勒斯是蒋立平的学员，他们一同协作，往返于蒙内铁路的沿途站点。在6平方米的驾驶室内，内燃机的轰鸣阻隔话语的传递，驾驶员间的默契格外重要。

★ 在肯尼亚内罗毕，蒋立平（右）与学员霍勒斯从一辆印有"连接国家 走向繁荣"标语的蒙内铁路机车旁走过。

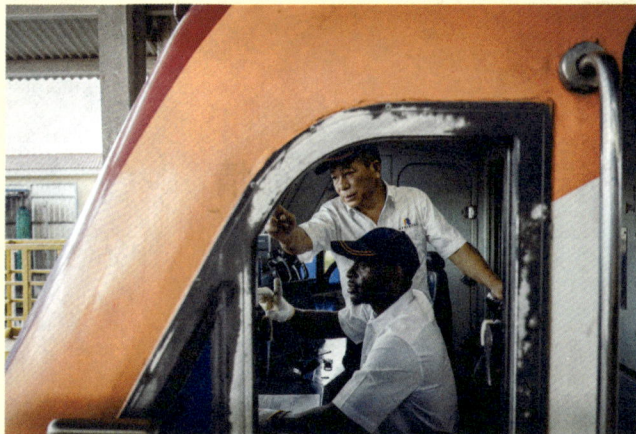

★ 蒋立平与霍勒斯检查
机车。

　　"霍勒斯有想法，很刻苦。他希望来中国做客，因为我们是师徒，更是朋友。"蒋立平说。霍勒斯表示，中国老师的专业培训让他受益良多，"希望师父能常回肯尼亚看看"，未来自己打算"为蒙内铁路培养更多可靠的驾驶员"。

　　作为中国和肯尼亚共建"一带一路"的旗舰项目，由中国企业承建的蒙内铁路 2017 年 5 月 31 日建成通车。6 年来，蒙内铁路宛如"大

★ 蒋立平与学员霍勒斯进行机车检查。

★ 蒋立平与学员霍勒斯交流。

动脉"，加快了肯尼亚的现代化步伐，为东非地区互联互通和中非合作共赢留下浓墨重彩的一笔，给非洲人民带来实实在在的好处。

自项目建设开始，中国铁路专家队伍便着力于人才在地培养，以属地化技术转移为重点，通过"师带徒、手把手"的方式，在运营、维护、检修各环节为肯方培养了一批能够独立作业的铁路专业技术和管理人员，留下了一支"带不走的队伍"。多年来，中国"师父"与肯尼亚"徒弟"因蒙内铁路结下了深厚情谊。据负责蒙内铁路运营的非洲之星铁路运营公司介绍，随着建设推进，现场工作将由肯方独立开展，中国"师父"将逐步结束任务回国。蒙内铁路师徒的友好情谊将绵延不绝，在未来结出更多硕果。

（新华社记者王诺、邬惠我、王冠森、代贺）

埃及标志塔

——沙漠中崛起的"非洲第一高楼"

埃及标志塔 由中国建筑股份有限公司埃及分公司（以下简称中建埃及）承建的埃及新行政首都中央商务区项目位于埃及首都开罗以东约50公里处，总占地面积约50.5万平方米。在这里，一幢幢高楼拔地而起，最高的一幢高楼，设计高度为385.5米，堪称"非洲第一高楼"，被誉为"埃及新金字塔"，是中埃两国建筑公司携手打造的建筑奇迹。

★ 这是2023年9月11日在埃及开罗以东拍摄的建设中的埃及新行政首都中央商务区。其中最引人注目的是"标志塔"项目，被誉为"非洲第一高楼"。
（新华社发 艾哈迈德·戈马摄）

为"非洲第一高楼"建设护航

"安全第一，不是一句口号。安全工作就是一道防线，是整个施工现场平稳运行的保障。"在埃及新行政首都中央商务区项目施工现场，晏月平边巡检边告诉记者，"保障施工现场零事故是安全工作的红线"。

晏月平今年 26 岁，是埃及新行政首都中央商务区项目承建方中国建筑股份有限公司埃及分公司（以下简称中建埃及）的一名安全工程师。该项目位于埃及首都开罗以东约 50 公里处，总占地面积约 50.5 万平方米，包含 20 个高层建筑单体及配套市政工程。其中最引人注目的就是"标志塔"项目，其结构高度为 373.2 米，塔冠最高点为 385.8 米，主要楼层用于酒店和办公。埃及新行政首都中央商务区项目将成为埃及新地标，是埃及现代化的象征。

在项目工作一年多的时间里，晏月平见证了这座被称为"非洲第一高楼"的标志塔在沙漠中拔地而起的多个瞬间。作为安全工程师，他的职责是为标志塔里里外外"体检、把脉"，保证它安全无恙地"崛起、成长"。每天从裙房到塔楼，他几乎走遍施工现场的各个角落，对高处作业、大型设备、消防管控、临时用电等细致排查，纠正违章作业，排除安全隐患。

在比塔冠更高的动臂塔吊上，他爬上塔吊平衡臂检查钢丝绳；

在 370 多米高的塔冠处，他叮嘱作业工人正确使用防坠器；在各个施工楼层，他逐一排查安全措施是否到位……

在广袤的沙漠中，一栋栋高楼巍然耸立，十分壮观。炎炎烈日下，工人们坚守各自的岗位，紧张有序地进行施工作业。截至 2022 年 11 月，埃及新行政首都中央商务区项目已完成全部 20 栋楼的主体结构施工，全面进入装饰装修和机电安装阶段，其中标志塔幕墙工程已进入塔冠施工冲刺阶段。

"标志塔作为超高层建筑，幕墙施工多为高空、临边作业，项目成立专项整改督查小组，发现高空、临边作业无安全带或者安全带系

★ 这是 2023 年 9 月 11 日在埃及开罗以东拍摄的建设中的新行政首都中央商务区。（新华社发　艾哈迈德·戈马摄）

挂不合格者，立即下发工程暂停令，配备合格安全带后方可施工。"标志塔幕墙项目经理王小龙说。

据王小龙介绍，为确保幕墙施工安全有序，每天早上组织工人进行早班会安全教育，每周开展安全专项检查整改落实，每月至少开展一次"行为安全之星"评选活动。

"幕墙安装危险性较高，吊装设备验收、防护设施验收、工人安全教育、交叉作业管

★ 这是 2022 年 8 月 17 日拍摄的埃及新行政首都中央商务区项目。（新华社记者　王东震摄）

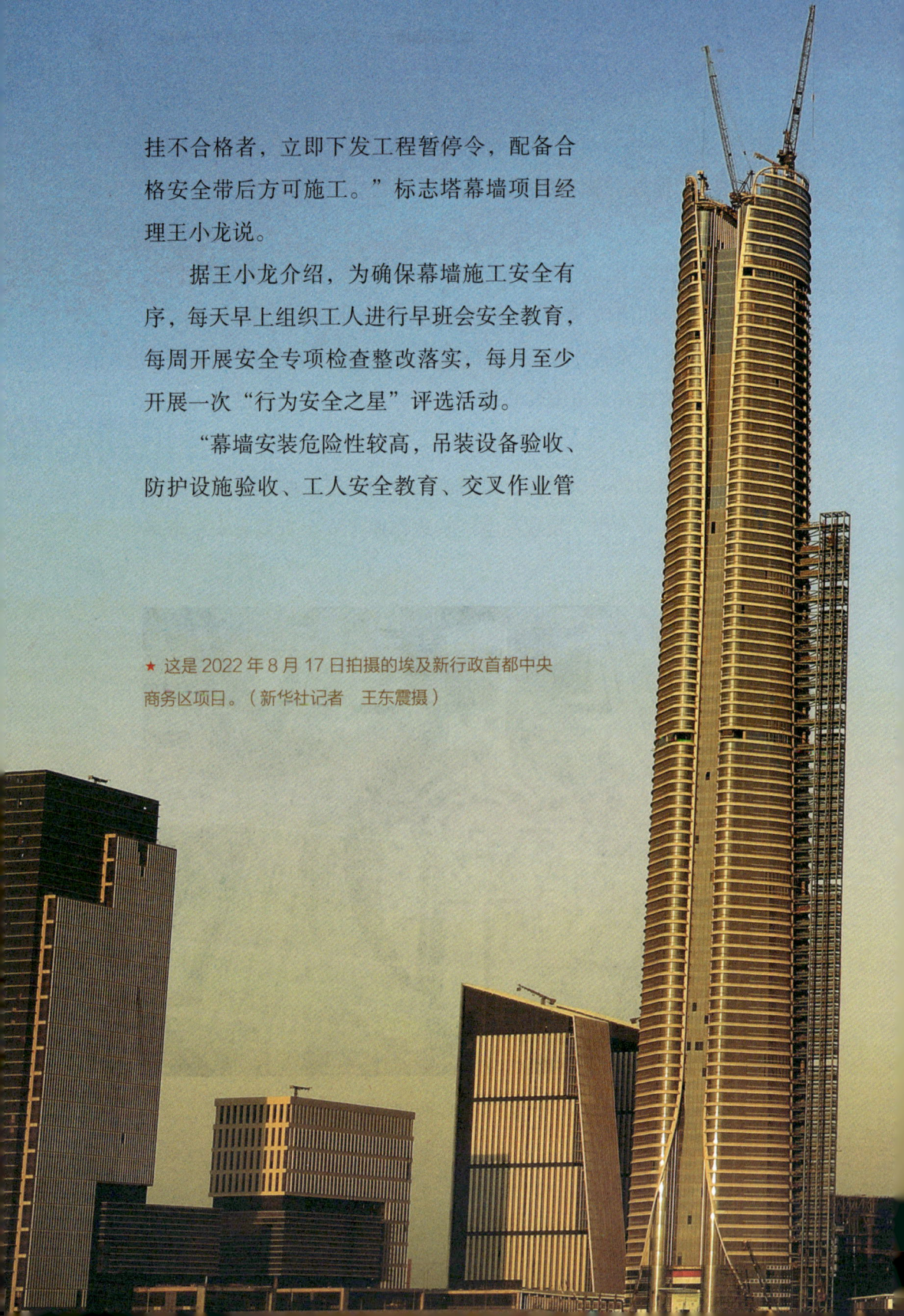

理等都是施工过程中的安全管理重点。"晏月平说，"一方面通过日常巡查，发现存在的隐患，通知分包单位及时整改，给工人提供安全的作业环境；另一方面开展安全教育，提高工人的安全意识。"

标志塔项目涉及多专业交叉作业，这就要求安全工程师对土建、钢结构、内外装等专业知识都有所了解，从而更好地开展安全管理工作。

当晏月平 2021 年 1 月刚来到项目时，标志塔正处于主体钢结构紧张施工阶段，全新的机械设备、结构形式、安全管理理念，令他压力倍增。在项目安全总监赵金龙的鼓励和帮助下，晏月平迎难而上，

★ 这是 2023 年 9 月 11 日在埃及开罗以东拍摄的建设中的新行政首都中央商务区。（新华社发　艾哈迈德·戈马摄）

熟悉方案、学习规范、深入现场，不断实践和积累。

如今，晏月平是标志塔项目安全管理的骨干之一。每天从对入场工人的安全教育到对施工现场不留死角的安全巡检，他日复一日地做着这些琐碎的安全管理规定动作。

"只要项目不完工，巡查脚步就不止。"晏月平说，自己会兢兢业业干好本职工作，为"非洲第一高楼"建设护航。

作为埃及国家复兴计划的重要工程和中埃共建"一带一路"的重点工程，中央商务区项目在建设过程中，也积极践行着"一带一路"倡议的共商、共建、共享理念。

据中建埃及总经理常伟才介绍，项目建设期间，项目大量聘用埃及工人，大量使用当地产品，直接或间接带动了3万多人的就业，带动了埃及建筑产业的发展。

（新华社记者姚兵）

沙漠中建摩天大楼

在非洲北部埃及首都开罗以东约 50 公里的一片沙漠中，炎炎烈日下，一栋栋高耸的大楼在黄沙中若隐若现。

"2019 年之前，这里全是沙漠，我们用了不到 4 年时间就建了 20 栋高楼。"瓦利德·拉马丹说。拉马丹是埃及新行政首都中央商务区项目的一名埃方技术工程师。

"在标志塔项目工作，让我学到了在沙漠里建摩天高楼的许多先进技术。能参与这一项目的建设，我感到非常自豪。"拉马丹说。

标志塔建设团队运用爬模技术，每 4 天就能完成一层楼的施工。外挂式动臂塔吊可以将各种施工材料吊运至标志塔顶。标志塔项目中方技术工程师陈柏宏说："整个塔楼施工过程当中，我们把这些技术都传授给了埃方同事，双方结下了深厚的异国师徒情谊。"

"我们会跟埃及同事学习当地语言，他们也会跟我们学说中文。"陈柏宏说，中央商务区项目除了助力埃及基础设施建设和带

★ 这是 2022 年 8 月 17 日拍摄的埃及新行政首都中央商务区项目现场。

★ 埃方技术工程师瓦利德·拉马丹（右）和标志塔项目中方技术工程师陈柏宏在埃及新行政首都中央商务区项目现场工作。

★ 工人在埃及新行政首都中央商务区项目现场施工。

★ 这是 2023 年 9 月 11 日在埃及开罗以东拍摄的建设中的新行政首都中央商务区。（新华社发　艾哈迈德·戈马摄）

动国家经济发展，也增进了两国民众间的相互交流，加深了双方对彼此国家的了解。

安装设备、联合调试、试运行……目前，埃及新行政首都中央商务区项目建设已进入最后的冲刺阶段，2023 年会有部分办公楼项目竣工，预计 2024 年该项目将全部竣工交付。

（新华社记者姚兵、罗晨、王东震）

希腊比雷埃夫斯港

——彰显合作共赢

比雷埃夫斯港 在希腊首都雅典西南方向12公里处，有这样一个港口：它南面地中海，北靠巴尔干半岛，连接爱琴海渚岛，是欧洲大陆距苏伊士运河最近的枢纽港口，直通港区的铁路线连接中东欧腹地，纵横阡陌的海运支线辐射欧亚非大洲，它就是闪耀千年的地中海的明珠——比雷埃夫斯港。在希腊语中，比雷埃夫斯意为"扼守通道之地"。然而，曾几何时，这个希腊最大港口却在全球金融危机的冲击下一度风雨飘摇、繁华不再。直到2008年，中国远洋海运集团（以下简称中远海运）成功中标，获得比雷埃夫斯港2号、3号集装箱码头35年特许经营权，古老的比雷埃夫斯港从此迎来新的曙光，并在"一带一路"建设中再度焕发勃勃生机。

★ 比雷埃夫斯港

比雷埃夫斯港的"重生"神话

希腊三面临海，航运业是其重要的支柱产业，港口作用突出。比雷埃夫斯港（以下简称比港）区位优势得天独厚，自古以来便发挥着便于东西方互联互通的重要作用，也是世界各国游客的重要旅游目的地。2008 年欧洲发生债务危机后，希腊经济受到极大冲击，政府一度濒临破产边缘，比港经营惨淡。当时，大型船只纷纷改道，转停其他港口，曾经"以港为家"的员工也迫于生计，不得不背井离乡。

★ 2015 年的比雷埃夫斯码头。（中国远洋海运集团提供）

2008 年，中远海运和希腊比雷埃夫斯港务局签署协议，获得比港 2 号和 3 号集装箱码头 35 年的特许经营权。2016 年，中远海运收购比雷埃夫斯港务局 67% 的股份，全面控股经营整个比港。从此，比港开始了重生之旅。

塔索斯·瓦姆瓦基季斯是中远海运比雷埃夫斯集装箱码头有限公司的商务部经理。他 16 岁起就在比港工作，2009 年加入中远海运，亲身经历了比港的兴盛、衰败和复兴。

"我记得，那时候码头只有 4 台关键设备桥吊能勉强工作，集装箱堆场混乱不堪，船舶压港严重，港区门口卡车堵塞甚至长达 5 公里，当时的比港服务非常糟糕。而在中远海运赢得竞标后，我认为这是个巨大的机遇，我应该加入其中。"塔索斯说。

起初，希腊当地人对中国企业的到来态度消极，堵门、罢工现象频频发生。塔索斯常常无法正常进入办公楼工作，有时还会被撵出来。

★ 这是 2017 年 5 月 3 日航拍的希腊比雷埃夫斯港渡轮码头。（新华社发　帕诺斯·托马达基斯摄）

★ 这是 2019 年 9 月 6 日航拍的停靠在希腊比雷埃夫斯港集装箱码头的中远海运银河轮。（新华社发　莱夫特里斯·帕察里斯摄）

塔索斯说："有人认为中远海运会派成千上万的中国员工来工作，导致希腊人失业。"

希腊民众担心出现的情况并没有发生。在接手经营比港后，中远海运仅派了几名高层管理人员，余下的经理和员工都是希腊人。

塔索斯说："他们不是来抢我们饭碗的，反而创造了更多的就业机会。不到半年，比港就实现了连续单月盈利，他们做到了多年来我们一直想做而没有做到的事情。"许多希腊人对中国企业经历了从疑虑到信任，再到钦佩的过程。

在中远海运的经营下，比港很快就成功发展成一个现代化的、可靠的、高生产力的港口。2019 年，比港集装箱吞吐量首次突破 500 万标箱，跃居地中海第一、欧洲第四，集装箱港口世界排名跃升至第

25 位。这个拥有 2400 多年历史的港口，重新焕发了生机。

2019 年 11 月 11 日，习近平主席参观中远海运比雷埃夫斯港项目，听取港口运营和发展规划介绍，同当地员工代表亲切交谈。习近平鼓励比港员工："我相信比雷埃夫斯港的前景不可限量，合作成果一定会不断惠及两国及地区人民。"

截至 2023 年年初，比港已累计向希腊政府上缴特许经营权费和税金超过 1 亿欧元，上市公司分红水平提高了 10 倍，为希腊社会直接创造 3000 个就业岗位，间接创造 10000 个就业岗位，带动希腊 GDP 提高 0.8 个百分点。

"非常自豪我的父亲是中远海运的一员，感谢中远海运对我的支持和帮助。"中远海运员工米查拉卡卡库的女儿玛丽亚在 2022 年获

★ 2023 年 4 月 17 日，超大型集装箱船"东方西班牙"号向希腊比雷埃夫斯港集装箱码头靠泊。
（新华社发　中远海运港口比雷埃夫斯码头有限公司供图）

★ 中远海运港口比雷埃夫斯码头有
限公司经营的比港三号集装箱码头。
（新华社发　中国照片档案馆图片）

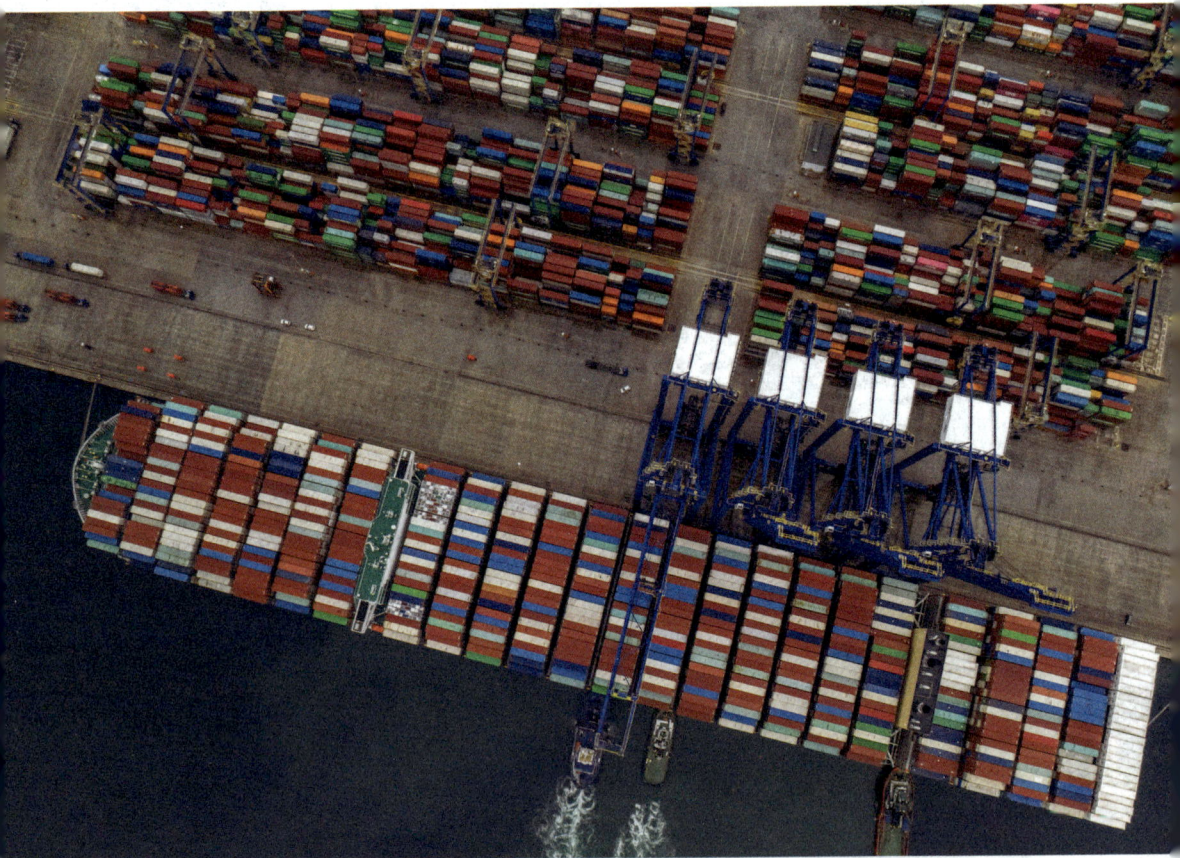

★ 2023年4月17日,超大型集装箱船"东方西班牙"号靠泊在希腊比雷埃夫斯港集装箱码头。（新华社发　中远海运港口比雷埃夫斯码头有限公司供图）

得世界拳击比赛冠军时激动地说。中远海运在收购比雷埃夫斯港务局时没有辞退一名员工,并且每年为员工提供奖学金,鼓励员工接受再教育,支持员工子女的学业和特长发展。当地毕业生和求职者纷纷把进入比港工作当作就业的梦想。

　　每年常态化对周边市政府和社会弱势群体提供帮扶,在复活节和圣诞节期间向数千名当地儿童送去节日祝福和慰问礼物,支持希腊著名小说《数星星的孩子》在中国翻译发行，向希腊文化和体育部提供约 1.3 万平方米的场地建设希腊水下考古博物馆……中远海运还积极与当地社会共享港口发展成果。

希腊总理米佐塔基斯说，中远海运在希腊最大港口比雷埃夫斯港的投资是一个双赢项目，"该项目使比雷埃夫斯变成了成功的港口"。

中远海运比港秉承合作共赢的发展理念，持续开展港口投资建设和数字化转型，推动比港高质量发展，为区域贸易连通、当地经济民生、希腊港口和旅游业发展作出重要贡献，并在 2021 年和 2022 年度连续两年实现经营业绩创希腊比雷埃夫斯港务局 1930 年以来的历史记录。2022 年，因出色的经营业绩和突出的积极贡献，中远海运比港位列雅典证券交易所可持续发展指数，荣获希腊旅游部颁发的"旅游业突出贡献奖"，获评希腊航运报评选的"经济贡献钻石奖"，连续两年

★ 希腊比港集装箱码头繁忙作业中。（新华社发　马里奥斯·罗洛斯摄）

获得当地评级机构颁发的最可持续发展奖。

目前，比雷埃夫斯港已成为地中海领先集装箱大港和欧洲第三大邮轮母港、欧洲最大的渡轮港口、地中海重要的汽车船中转港和修船中心，以专业的运营能力和领先的作业设施，为全球客户提供优质的集装箱码头、邮渡轮码头、汽车船码头和修船服务。

希腊有句谚语："从智慧的土壤中生出三片绿芽——好的思想、好的语言、好的行动。"中远海运比港项目通过将东方智慧与希腊文化完美结合，用先进的理念、有效的沟通、踏实的行动，尊重并守护了希腊人的千年比港情怀，让比港的未来充满无限光明。

（中远海运比雷埃夫斯港口有限公司 郭秋宁）

获赠定制滑雪器
希腊残疾人运动员的梦想不再遥远

2023 年年初，在希腊中部帕尔纳索斯滑雪中心，40 岁的希腊运动员乔治·斯法尔托斯使用定制的坐姿滑雪器从斜坡上飞驰而下。他正在为拿到 2026 年米兰－科尔蒂纳丹佩佐冬残奥会的入场券而努力训练。

★ 乔治·斯法尔托斯训练后竖起大拇指。

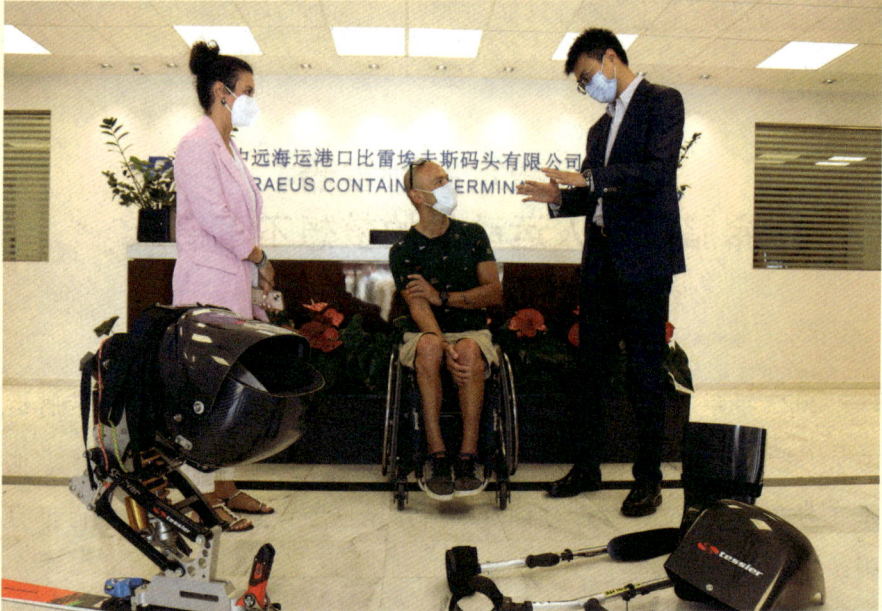

★ 中远海运港口比雷埃夫斯码头有限公司向乔治·斯法尔托斯捐赠定制的坐姿滑雪器。

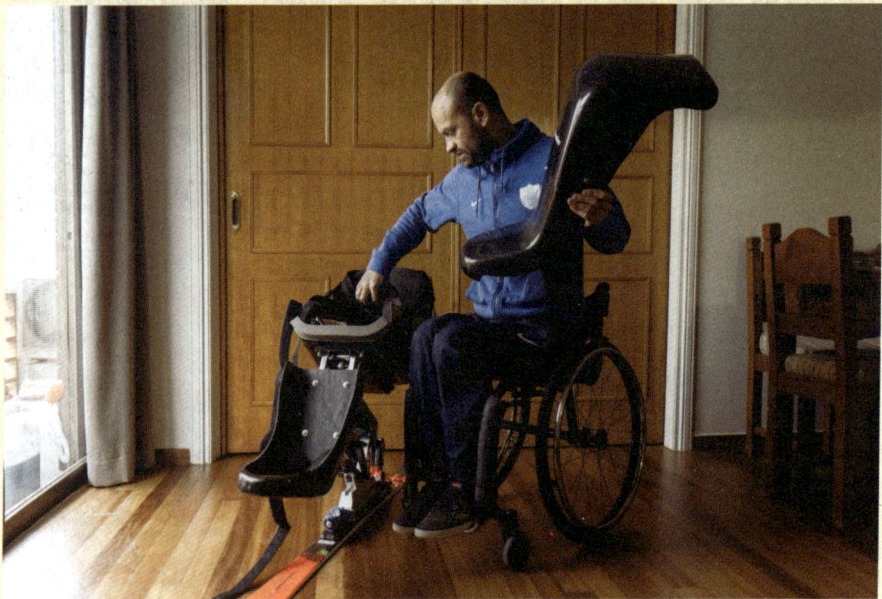

★ 乔治·斯法尔托斯在家中安装获赠的定制坐姿滑雪器。

★ 乔治·斯法尔托斯在希腊雅典一处健身中心训练。

斯法尔托斯是一名来自希腊雅典的残疾人运动员。他原本已对参加冬残奥会不抱希望。由于无力承担新设备的购买费用，他一直租用旧的坐式滑雪器进行训练，训练计划受到很大影响。在斯法尔托斯寻求社会支持的过程中，中远海运港口比雷埃夫斯码头有限公司（PCT）向他伸出了援手。

中远海运港口比雷埃夫斯码头有限公司向乔治·斯法尔托斯捐赠定制的坐姿滑雪器。

★ 中远海运港口比雷埃夫斯码头有限公司经营的比港3号集装箱码头。

★ 中远海运港口比雷埃夫斯码头有限公司经营的比港 3 号集装箱码头。

2022年夏天，通过当地慈善机构了解到斯法尔托斯的困境后，PCT向他捐赠了一套专为他本人定制的坐姿滑雪器。"PCT为我追逐梦想提供了真切的帮助。"斯法尔托斯说。如果没有这个定制设备，他便无法完成必需的训练，得到捐赠后，他感到非常荣幸，也更加有动力去做到最好，发挥自己最大的潜能。

（新华社记者于帅帅；摄影莱夫特里斯·帕察里斯、马里奥斯·罗洛斯）

科伦坡港口城

——斯里兰卡『未来之城』

科伦坡港口城 由中交集团投资建设运营的科伦坡港口城是斯里兰卡与中国"一带一路"重点合作项目，计划通过填海造地的方式在科伦坡核心区建造一座新城。项目于2014年9月破土动工，整体开发时间约25年，被称为两国共建"一带一路"的合作典范，也被誉为科伦坡的"未来之城"，建成后将成为南亚地区集金融、旅游、物流、IT等为一体的高端城市综合体。通过几年的填海造地，目前新城已初具雏形，面积达269公顷。在这片土地上，游艇码头、街心花园、人工运河、步行桥等一系列新设施相继落地，一座海上"未来之城"正在崛起。

★ 这是2021年12月2日拍摄的斯里兰卡科伦坡港口城全景。（新华社发 科伦坡港口城项目公司供图）

一座从海上崛起的"未来之城"

　　在斯里兰卡科伦坡港口城内人工沙滩上，斯里兰卡人桑吉瓦专注地"搭建"与即将动工的金融中心大厦类似的沙堡模型，3个正在海边戏水的孩子看到后跑了过来。桑吉瓦告诉他们，沙滩是从大海里"堆"出来的，未来这里将会建成与模型类似的金融城。一个小女孩好奇地

★ 在斯里兰卡科伦坡港口城，工程师桑吉瓦在港口城的人工沙滩上"搭建"与即将动工的金融中心大厦类似的沙堡模型。（新华社发　科伦坡港口城项目公司供图）

问，海上也能建起一座城？未来这座海上城市会是什么样呢？

这处填海而来的地方名为港口城，位于科伦坡中央商务区附近。桑吉瓦是中国港湾科伦坡港口城项目的工程师，已在这里工作5年，参与并见证了这座"未来之城"的崛起。

斯里兰卡是古代海上丝绸之路的重要一站，曾有无数载着中国香料和茶叶的船只在这里停靠，之后再驶向欧洲进行交易。

2014年9月，中国国家主席习近平对斯里兰卡进行国事访问，与时任斯里兰卡总统一道为港口城奠基揭幕、为开工剪彩。习近平主席向中方建设者转达祖国人民的问候，要求他们以高度负责的态度，精益求精，按时保质完成任务，同斯方一起建设好这个21世纪海上丝绸之路的重要枢纽。

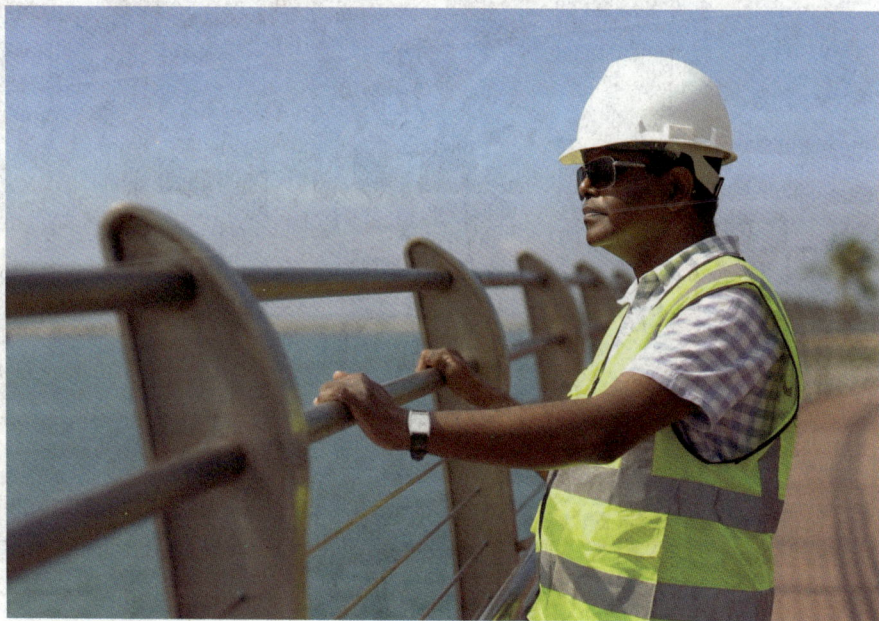

★ 在斯里兰卡科伦坡港口城，工程师桑吉瓦在人行桥上眺望远方。（新华社发　科伦坡港口城项目公司供图）

港口城项目开工后，一直旅居海外的桑吉瓦就关注着它的发展。20世纪80年代，桑吉瓦曾赴中国留学，在清华大学攻读电气工程及自动化专业6年。他说："得知中国人在斯里兰卡修建港口城后，我于2016年从迪拜回到斯里兰卡，加入港口城项目建设。"

港口城建设初期，桑吉瓦负责对接科伦坡政府有关部门，推进市政配套设施建设。

2017年5月，桑吉瓦受邀来到中国参加首届"一带一路"国际

★ 2020年6月10日，几名员工在斯里兰卡科伦坡港口城工地上施工。（新华社发 加扬·萨米拉摄）

合作高峰论坛，并在开幕式现场聆听了习近平主席的主旨演讲。习近平主席说："推进'一带一路'建设，要聚焦发展这个根本性问题，释放各国发展潜力，实现经济大融合、发展大联动、成果大共享。"

　　桑吉瓦还在"民心相通"分论坛上，与各国嘉宾分享了参与建设科伦坡港口城项目的经历。他表示，在共建"一带一路"倡议下，港口城建设为斯里兰卡很多普通人创造了机遇，他们一起参与建设美好家园。

★ 这是 2020 年 9 月 3 日航拍的斯里兰卡科伦坡港口城内的建设工地。（新华社发　中国港湾科伦坡港口城项目部供图）

★ 这是 2020 年 9 月 3 日航拍的斯里兰卡科伦坡港口城项目综合管廊施工现场。（新华社发　中国港湾科伦坡港口城项目部供图）

　　2019年1月，伴随着3声长长的鸣笛，最后一艘停留在港口城的大型挖泥船停止管吹，宣告港口城269公顷土地全部吹填完成。桑吉瓦和同事们兴奋不已。他说，港口城是斯里兰卡历史上前所未有的项目，目前所做的一切都将为斯里兰卡的未来发展提供样本。

　　"填海造地工程完工不仅标志着港口城项目总体建设取得重大进展，也是中国方案、中国技术在世界舞台的一次展现。"中国港湾科伦坡港口城项目部副总经理郑好说。

★斯里兰卡科伦坡港口城人工沙滩。（新华社记者　唐璐摄）

随着填海造地工程的完成，一系列新设施相继在港口城落地，如中央公园的绿地、人造沙滩及运动训练中心、游艇码头、人行桥等，港口城迎来了全新的发展阶段。

科伦坡港口城预计 2041 年完成整个城市开发建设。未来规划城市建设规模超过 630 万平方米，该城将集商业、居住、休闲娱乐等多功能于一体。

桑吉瓦由衷感慨："港口城，这座从海上崛起的城市承载着科伦坡的未来，这将是一个为下一代带来幸福的城市。"

（新华社记者唐璐）

科伦坡港口城将造福我们的子孙后代

斯里兰卡首个游艇码头、科伦坡市首个人工沙滩、充满生机的绿色园林区……2020 年 9 月 17 日，正值科伦坡港口城奠基开工 6 周年。

科伦坡港口城是斯里兰卡与中国"一带一路"重点合作项目。2014 年 9 月，科伦坡港口城项目在中斯领导人的共同见证下启动。奠

★ 在斯里兰卡科伦坡港口城展览厅，小朋友们观看港口城沙盘模型。（新华社记者　唐璐摄）

基剪彩那天，海面上挖泥船拉响汽笛，金沙喷起。按照计划，港口城通过填海造地形成269公顷土地，在斯里兰卡首都科伦坡建成一座集金融、旅游、物流和信息技术于一体的全新中央商务区。

港口城雏形日现，也开始逐步吸引当地公众和投资者。很多外国

★ 自2022年1月10日正式对公众开放以来，斯里兰卡科伦坡港口城游艇码头区已经成为当地火爆的景点和"打卡地"。（新华社记者 唐璐摄）

★ 斯里兰卡科伦坡港口城全景（无人机照片）。
（新华社发 科伦坡港口城项目公司供图）

★ 夕阳下的斯里兰卡科伦坡港口城。自从游艇码头开放后，人们可以乘坐游艇观赏港口城和科伦坡城市风光。

（新华社记者　唐璐摄）

★ 当地人在斯里兰卡科伦坡港口城人工沙滩附近海面上休闲。（新华社记者 唐璐摄）

投资者也对科伦坡港口城表示出浓厚兴趣。港口城项目公司战略与商业开发部负责人图尔西·阿鲁维哈勒自信地说，科伦坡港口城有着南亚中心的战略性地理位置，四通八达，斯里兰卡本身具有的人才优势、良好的基础设施条件也使其成为理想的投资目的地。

　　"港口城是斯里兰卡第一个充满未来感的城市，可持续发展是港口城发展的核心。与此同时，港口城纳入智慧城计划，这将确保港口城的设计再过25年都不会落伍。"阿鲁维哈勒说，"港口城正在被打造成一个服务业导向的经济枢纽，未来将不仅吸引国际企业迁往科伦坡，也将成为帮助斯里兰卡企业走向全球的平台。"据介绍，斯里

★ 在斯里兰卡科伦坡港口城，小朋友们在人工沙滩附近玩耍。（新华社记者　唐璐摄）

兰卡政府还计划推出港口城特别经济区法等法律法规，一旦相关立法得到批准，港口城将更具吸引力。

正如中斯两国人民所期待的那样，科伦坡港口城将会成为斯里兰卡和南亚的主要经济和金融枢纽。这个项目不仅属于当代，更将造福子孙后代。

（新华社记者唐璐）

中亚最大风电项目

——点亮小镇美好生活

札纳塔斯风电项目 2021年6月，札纳塔斯100兆瓦风电项目竣工投产，成为当时中亚地区最大风电场。札纳塔斯风电项目是国家电投集团响应"一带一路"倡议、融入中亚的首个项目，由国家电投集团中国电力国际有限公司投资，中国电力国际发展有限公司受托管理。项目总投资1.5亿美元，于2018年2月列入中哈两国产能合作重点项目清单，为中哈双边经贸合作能源领域的重点项目。项目于2019年7月开工建设，并网投产后，每年3.5亿千瓦时的清洁电能改写了哈萨克斯坦南部地区的缺电现状，满足了该地区20多万家庭的用电需求。

哈萨克斯坦是"一带一路"的首倡之地，中哈积极开展产能和投资合作，对助力哈国进一步改善能源结构、提供重组电力供应意义重大，也为中哈新能源领域合作开辟了新的空间。

★ 札纳塔斯100兆瓦风电项目风机。（新华社发 奥斯帕诺夫摄）

风电点亮"石头城"

　　在哈萨克语中，"札纳塔斯"是"新石头"的意思。札纳塔斯市曾是磷矿石开采和化肥生产中心，鼎盛时期人口约 5.7 万人。但随着产业衰落，人们纷纷离开这座工业结构单一的城市，城市人口只剩下

★ 这是 2021 年 4 月 25 日在哈萨克斯坦扎纳塔斯拍摄的风电场风机。（新华社发　中国电建成都院供图）

约 2.2 万人。据联合国开发计划署估算，哈萨克斯坦风力发电的潜能高达每年 9200 亿千瓦时，哈南部地区资源尤其丰沛。

在共建"一带一路"倡议与哈萨克斯坦"光明之路"新经济政策对接框架下，中哈率先开展产能和投资合作，形成涵盖 52 个项目、总金额逾 212 亿美元的项目清单。札纳塔斯 100 兆瓦风电项目就是其中之一。在哈萨克斯坦南部城市札纳塔斯的戈壁草原上，一台台白色风机巍然矗立，随着巨大的叶片在风中转动，风能被转化为绿色电力。

哈籍首席专家的成长之路

马康是札纳塔斯 100 兆瓦风电项目的哈籍员工，已在公司工作 4 年之久，目前任职生产部首席专家。2019 年，札纳塔斯风电还处于建设阶段，从零开始的工作千头万绪。虽然也才刚刚入职，中文专业出身的马康就承担起了大部分翻译、文件处理工作，很快就成长为团队中的骨干。除了在工作中的历练，马康也积极参加札纳塔斯 100 兆瓦风电项目组织的项目管理培训等各类培训。"学习到了很多以前没有接触过的管理知识和技巧，这也不断强化与提升了我的综合管理能力。"马康说。

"我还是第一次见到这么大的风机。"第一次见到风机时的震撼在马康心里种下对风力发电行业好奇的种子。在完成对外联络及行政管理等本职工作后，马康还主动参与设备巡查与测试等工程管理工作。马康的职业规划与转型意愿得到了札纳塔斯风电的支持。公司安排马康参加了相关技术培训及哈萨克斯坦能源部组织的五级电工职业证书考试，马康在考试中取得了优异的成绩。

专业证书的获得仅仅是一个起点。在札纳塔斯，马康的工作内容

★ 马康在杞纳塔斯风电疾控运营中心接受采访。（国家电投集团中国电力国际发展有限公司供图）

从办公室行政工作拓展到了风电项目管理。在公司的"因材施教"与马康"不懈努力"的"双向奔赴"下，他从一名综合管理人员逐渐成长为一名善沟通、懂技术、能够统筹项目管理与技术难题的复合型人才。

项目场地的工作过程并非一帆风顺，也会遇到诸如设备停电、系统故障等突发问题。为了不耽误生产，马康常常主动扛起大旗，运用自己的专业技能紧急处理相关工作。"在与中国厂家的沟通中，我可以做到一步一步地解决各种技术问题。虽然当时会觉得时间非常紧迫，但是当问题解决了，自己会非常有成就感，并且每次都能学到很多新知识。"马康回忆道。

4 年前的马康只是觉得在这样的地方工作又新奇、又稳定，但是如今的他对这个行业多了一分自己的理解和期待："风电行业现在发展很快，2019 年我们一期装的风机都是 2.5 兆瓦，现在二期装的都是 5 兆瓦，容量上已经翻倍，这就是技术在不停进步的最好体现。"马康希望有更多的哈萨克斯坦年轻人能够学习一些计算机、电气、可再生能源方面的知识，将来加入绿色能源事业，让哈萨克斯坦的环境更加美好。

札纳塔斯 100 兆瓦风电项目由国家电投集团中国电力国际有限公司投资，中国电力国际发展有限公司受托管理，共建设 40 台 2.5 兆瓦的风电机组。项目于 2021 年 6 月竣工投产，成为当时中亚地区最大风电场，极大缓解了哈南部地区缺电状况。

札纳塔斯风电的"驭风师"

在哈萨克斯坦南部札纳塔斯的小镇上，几十座超过 30 层楼高的"大风车"随风转动，风能被转化为绿色电力电亮千家万户，这座小城也多了不少生机和活力。守护风机与风沙日夜搏斗的，是一个个"驭风师"。

早在 2019 年 1 月，年仅 33 岁的张亮怀着一腔热血来到哈萨克斯坦。在看到项目现场第一眼时，这位青年工程师的心就凉了半截——放眼望去，一望无际的戈壁滩上白雪皑皑。除了不时呼啸而过的大风、遍地冻土和碎石之外，再无他物。

这里便是札纳塔斯 100 兆瓦风电项目。在共建"一带一路"倡议与哈萨克斯坦"光明之路"新经济政策对接框架下，2019 年，国家电投来到札纳塔斯，与哈萨克斯坦的朋友一道投资建设清洁能源项目。

★ 张亮在札纳塔斯 100 兆瓦风电项目前留影。（国家电投集团中国电力国际发展有限公司供图）

当时，想退缩的想法在张亮脑海中浮现，但是想到自己"为什么来？"和身上肩负的使命，他还是坚定了留下来的信心。

"札纳塔斯拥有丰富的风能资源，90米高度年平均风速为每秒8.36米，但这风有时像草原上的'野马'，性情不定，难以驯服。"现任项目总工程师的张亮告诉笔者，"我们同事之间常开玩笑说，自己就像驯服札纳塔斯风能这匹'野马'的'驭风师'。"

"真是'地如其名'！"张亮解释说，"这里地广人稀，全年有长达五六个月的冻土期。每年冬季，风电项目的施工作业面常常被大雪覆盖，往往清理后还来不及施工，就再次被盖满白雪。"

这就意味着，项目每年在室外的施工时间仅有六七个月，这对保障项目建设进度来说是一个不小的难题。

再重的担子也要挑，再不好啃的骨头也要啃。为了高质高效推进项目建设，札纳塔斯风电项目采取中方团队牵头、当地建设队伍配合的方案，多个工作面同步施工。风机基础浇筑、风机吊装、升压站设备安装调试等风险高、难度大的关键环节，主要由中国建设者负责。

为保障风电项目的后续安全运行，也为了给当地创造新就业机会，项目部提前半年在当地招聘工人，并通过中哈员工"结对子"的培训方式，培养出一批熟练掌握设备操作与维护技巧的哈方学员。

中国建设者为札纳塔斯100兆瓦风电项目付出的大量心血都被哈萨克斯坦当地同事看在眼中、记在心里，这极大鼓舞了他们的建设热情。

2020年9月，札纳塔斯100兆瓦风电项目首次并网。张亮感慨地说："札纳塔斯风电项目不仅建起了风电场，还架起了中哈两国人民的'连心桥'。正是因为有这样的付出，我们才会对项目有着特殊的感情。这个中亚地区首个百万兆瓦级装机容量风电场凝聚着每个参

★ 张亮为哈籍员工讲解风机建设及检查要点。（国家电投集团中国电力国际发展有限公司供图）

建人员的心血，是中哈员工共同奋斗的结晶。"

　　自扎纳塔斯 100 兆瓦风电项目投产至 2022 年底，项目发电量已达 7.5 亿千瓦时。与同容量燃煤电厂相比，相当于节约标煤 25.5 万吨，减少二氧化碳排放约 67.3 万吨。

在哈萨克斯坦，火力发电在全国电力生产中超过 80%，且集中在煤炭资源富集的北部地区。而南部城市电力消费量约占全国的 70%，电力供应不足，需从北部远距离输送。为改善本国电力结构单一和南北电力供需不平衡的现状，哈萨克斯坦近年来不断完善法规制度，吸引外国资本促进本国可再生能源发展。国家电投积极响应"一带一路"倡议，融入哈萨克斯坦"光明之路"计划，与哈萨克斯坦当地企业合作，充分利用哈南部风力资源优势，开发建设札纳塔斯 100 兆瓦风电项目等可再生清洁能源项目，既解决了哈萨克斯坦面临的电力供应、输送等难题，同时也为"一带一路"建设带来新的经济增长点。

（张石榴、胡雅婕、纪开元）

一个风电检修工程师的愿望

札纳塔斯市曾是磷矿石开采和化肥生产中心，因产业衰落而逐渐萧条。2021年6月，由中哈共同投资、中国企业承建的札纳塔斯100兆瓦风电项目竣工投产，成为当时中亚地区最大风电场，极大缓解了哈南部地区缺电状况，改善了当地居民的生活。

马克萨特·阿比尔加济耶夫曾是当地磷矿场的电力工程师，风电项目的建设给他带来很大震撼。据他回忆，2019年5月2日，风电项

★ 2022年5月15日，在哈萨克斯坦札纳塔斯，一名牧民从风机附近经过。

★ 阿比尔加济耶夫站在风电项目风机前。

★ 阿比尔加济耶夫（右）与同事巡视检查风电场变压设备。

★ 阿比尔加济耶夫（中）在风电项目中央控制室工作。

目的第一台涡轮风力发电机运抵札纳塔斯，小镇居民很少见过如此的"庞然大物"，一个风机叶片就需要加长货车才能运输，非常壮观。

阿比尔加济耶夫意识到，哈萨克斯坦风能资源充沛，但掌握风电技术的专业人员很少，这一清洁能源的未来十分光明。2020 年，三十而立的他作出了拥抱"未来"的决定——辞去磷矿场的工作，加入札

★ 在哈萨克斯坦札纳塔斯，阿比尔加济耶夫（右）与同事巡视检查风电场变压设备。

纳塔斯风电项目。他成了一名见习风电检修工，开始跟着中国师傅们学习风电检修技术。

3年来，勤奋好学的他已成为独当一面的高级检修工程师。"我有了一份稳定的工作，过上越来越好的生活。"阿比尔加济耶夫说，稳定的工作和大幅提高的收入让他和妻子决定要第三个孩子。

★ 阿比尔加济耶夫与家人在一起。

　　阿比尔加济耶夫说，风电项目为札纳塔斯市创造就业、增加税收，城市发展迎来了新机遇。中国企业还注重公益投入，向当地公立医院捐赠急救车，帮助残疾人和多子女家庭修缮住房，帮助札纳塔斯市修缮街心公园、建设游泳池等。

　　如今阿比尔加济耶夫有两个愿望：一个是去中国企业总部参观学习，另一个则是参与到更多的风电合作项目之中。谈及中国与中亚绿色能源合作前景，阿比尔加济耶夫说，相信未来天会更蓝，水会更清，人类会居住在一个更加清洁的地球。

（新华社记者王诺、邹予；摄影奥斯帕诺夫）

★ 这是 2022 年 9 月 13 日在哈萨克斯坦扎纳塔斯拍摄的扎纳塔斯风电场风机。（新华社发　德米特里·瓦西连科摄）

科巴风电项目

——中国方案助力实现「零的突破」

　　科巴风电项目　2023 年 10 月 12 日，中孟能源合作重要项目——科巴风电项目并网发电，这是中国在孟加拉国集投资、建设、运营为一体的绿电项目，也是孟加拉国首个集中式风电项目。该项目位于孟加拉国东南部城市科克斯巴扎尔，由国家电投集团五凌电力有限公司投资开发、中国电建集团成都勘测设计研究院有限公司总承包建设，于 2021 年 9 月开工建设，装机容量 66 兆瓦，共安装 22 台风机。项目并网发电后，每年可提供超过 1.45 亿度绿色电力，对提高孟加拉国可再生能源比重、促进新能源消费和节能减排发挥重要作用，被誉为"中孟能源合作的典范"。

★ 科巴风电项目。（国家电投集团五凌电力有限公司供图）

★ 科巴风电项目。（国家电投集团五凌电力有限公司供图）

孟加拉国首个集中式风电项目并网发电

中企投资承建的孟加拉国首个集中式风电项目——科巴风电项目2023年10月12日并网发电。该项目由国家电投集团五凌电力有限公司投资开发、中国电建集团成都勘测设计研究院有限公司总承包建设，于2021年9月开工。项目投产后，年发电量约1.45亿千瓦时。

科巴风电项目位于孟加拉国东南部城市科克斯巴扎尔，2021年9月开工建设，装机容量66兆瓦，共安装22台风机。项目并网发电后，

★ 科巴风电项目值班人员。（国家电投集团五凌电力有限公司供图）

每年可提供超过 1.45 亿度绿色电力，减少煤炭消耗 4.46 万吨，二氧化碳排放量 10.92 万吨，满足 10 万家庭用电需求。项目建设过程中，为当地提供超过 1500 个工作岗位，投产后的运营也将以本地员工为主。

"这是我们国家走向更清洁、更可持续能源的重要分水岭。"孟加拉国电力、能源和矿产资源部高级常秘拉赫曼 10 月 12 日在项目投产仪式上致辞时表示，这个项目的投产运行不仅将为成千上万孟加拉国家庭提供绿色电力，而且还将大大减少孟对化石燃料的依赖，改善空气质量，减缓气候变化影响。希望未来孟加拉国涌现出更多这样的项目。

孟加拉国驻华大使乌丁通过视频连线致辞时表示，科巴风电项目的成功运营，标志着孟加拉国风电行业进入新时代。这对孟加拉国可再生能源领域和电力行业都具有重要意义。

中国驻孟加拉国大使姚文表示，中国企业作为投资方，将风电第一次引入孟加拉国，具有开创性的里程碑意义，集中体现了中孟两国

★ 科巴风电项目中控室。（国家电投集团五凌电力有限公司供图）

★ 科巴风电项目。（国家电投集团五凌电力有限公司供图）

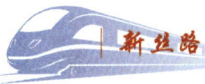

★ 科巴风电项目。（国家电投集团五凌电力有限公司供图）

在新能源领域合作的最新成果。孟加拉国拥有丰富的太阳能、风能、滩涂资源，同时还有庞大的电力需求。中国愿以自身的发展经验、技术、资金助力孟新能源发展，实现经济效益和社会效益双丰收。

孟加拉国的风电建设面临着风速偏低、地质基础较差、施工难度大等难题，作为该国首个集中式风电项目，中国建设团队在科巴风电项目中突破了一系列技术难题。当地的年平均风速低于5.5米每秒。为此，中国建设团队反复调研、论证，最终选定国内最新技术的低风速风力发电机组，并根据孟加拉国风资源实际情况，将风机叶片长度从70.5米增加到78米，增大扫风面积。同时，将单机容量由2.5兆瓦增至3兆瓦，使项目技术经济指标最优，具备开发价值。而针对孟加拉国沿岸气旋灾害频繁、冲积平原地质基础差等难题，建设团队同样经过详细勘察，量身定制"中国方案"。

国家电投五凌电力党委书记、董事长夏刚表示，科克斯巴扎尔风

★ 科巴风电项目附近的红树林。（国家电投集团五凌电力有限公司供图）

电项目并网发电后，每年可满足 10 万个家庭的用电需求。我们将继续推进科克斯巴扎尔风电二期、三期，蒙戈拉风电等一大批新能源项目的开发建设。

"本项目的投产诠释了中孟能源合作的广阔潜力。"国家电投五凌电力有限公司总经理刘兴义说，五凌电力将借助孟加拉国新能源发展的东风，为孟加拉国"2041 愿景"提供绿色能源解决方案。

近年来，国家电投积极践行"一带一路"倡议，以清洁能源投资和技术合作为抓手，助力共建"一带一路"国家实现能源低碳转型。截至目前，国家电投境外装机 900 万千瓦，业务涵盖哈萨克斯坦、巴基斯坦、沙特阿拉伯、土耳其、巴西、澳大利亚等 47 个国家和地区，其中共建"一带一路"国家 38 个。

（新华社记者孙楠）

"一带一路"的风，点亮中孟友谊之灯

在南亚的孟加拉国境内，有一段美丽的海滩，叫科克斯巴扎尔，即"月亮船海滩"，因为这里处处停泊着月亮般弯弯的渔船。傍晚，在落日余晖里的月亮船美轮美奂。

现在，一座座矗立的风机成为科巴市新的名片，转动的叶轮源源

★ 科巴风电项目。（国家电投集团五凌电力有限公司供图）

★ 建设中的科巴风电项目。（国家电投集团五凌电力有限公司供图）

不断地为这座海边之城提供清洁、绿色的能源。中孟能源合作重要项目——科巴风电项目，乘着"一带一路"的风，在这片美丽的海滩上，点亮了中孟友谊之灯。

科巴风电项目是国家电投在南亚首个集投资、建设、运营为一体的绿电项目和孟加拉国首个风电项目，也是国家电投集团五凌电力有限公司积极响应国家"一带一路"倡议，在海外践行绿色发展理念的新成果。项目采用中国技术、中国标准、中国设备建造，被孟加拉国当地媒体誉为"中孟能源合作的典范"。

作为全球人口密度最大的国家之一，孟加拉国一次能源匮乏、电力基础薄弱，电力供应长期处于紧缺状态，人均用电水平低于其他发展中国家，严重制约孟加拉国社会经济发展。科巴风电项目使该国实现风电产业"零"的突破，并能够与友好邻邦共享"中国式现代化"的最新成就。

项目开发建设过程中，五凌电力注重与孟加拉国当地员工的文化交流，施工高峰期从当地聘请 350 名工人，仅在施工过程中就为当地政府创造 450 万美元的税收。同时，电站的运维以本地员工为主，不仅能为当地解决部分就业，更重要的是，还能为该国新能源产业的发展培养骨干人才。

2022 年，事业部所属的项目公司招聘了 17 名孟加拉国本地员工并组织生产运维技能培训，部分员工曾在五凌电力相关风电场站实习培训，1 名优秀的孟籍员工被推荐参加集团公司组织的"校企联培"留学生项目深造学习。孟籍员工在项目建设过程中为征地协调、设备安装等工作也作出一定贡献，成为国家电投人的一分子，也成为中孟文化交流的纽带和桥梁。

2022 年 3 月 31 日，科巴风电项目奠基揭牌，引发孟加拉国媒体广泛关注和热议，孟加拉国唯一的政府电视台 Bangladesh Television (BTV)、孟加拉国官方电台、ATN BANGLA、Channel i 等 19 家主流媒体对此进行了报道。科巴风电项目首台风机顺利完成吊装后，孟加拉国家电力能源与矿产资源部部长哈米德第一时间为项目现场的团队送上祝福并在 Facebook 上分享了这一喜悦成果。

2022 年 8 月，孟加拉国遭遇了百年来最严重的洪灾，数百万人受灾，五凌电力孟加拉事业部第一时间组织全体员工捐款 10 万塔卡，树立了企业境外履行社会责任的良好形象。科巴风电项目将成为集团公司在海外构建

★ 科巴风电项目。（国家电投集团五凌电力有限公司供图）

新发展格局、践行"一带一路"倡议的全新发力点。

2023 年 10 月，科巴风电项目并网投产，22 台高耸入云的风机将屹立在孟加拉湾海岸湛蓝的天空下，将温暖的海风源源不断地转换为绿色能源，助推这个美丽而古老国家的能源转型和经济腾飞，讲述着"一带一路"上中孟两国人民携手共赢、绿色发展的友谊故事。

（张石榴、文卫平、申明）

胡努特鲁电厂

——地中海畔的『能源明珠』

胡努特鲁电厂 位于土耳其阿达纳省尤穆尔塔勒克市,是中国"一带一路"倡议和土耳其"中间走廊"战略对接的重点项目,总投资约17亿美元,由中国国家电力投资集团公司子公司上海电力、中航国际成套设备有限公司和土耳其当地股东方共同开发建设,是中土两国建交以来中企在土耳其金额最大的直接投资项目。

★ 胡努特鲁电厂全景图。(国家电投集团上海电力股份有限公司供图)

海洋生态保护和能源融合发展的示范样板

胡努特鲁电厂位于土耳其阿达纳省尤穆尔塔勒克市，是中国"一带一路"倡议和土耳其"中间走廊"战略对接的重点项目，总投资约17亿美元，由中国国家电力投资集团公司子公司上海电力、中航国际成套设备有限公司和土耳其当地股东方共同开发建设，是中土两国建交以来中企在土耳其金额最大直接投资项目。国家电投集团上海电力

★ 2018年7月16日，胡努特鲁煤电项目场平工程正式开工。（国家电投集团上海电力股份有限公司供图）

股份有限公司（以下简称上海电力）于 2013 年启动该项目，2019 年9 月份浇筑主厂房第一罐混凝土，2 台 66 万千瓦超临界火电机组先后于 2022 年 6 月、10 月实现投产，中国设备供货率超过 90%，年发电量超过 100 亿千瓦时，约占土耳其年发电量的 4%。

历年来，胡努特鲁电厂扎实抓好海洋生态环境保护、混合电站建设、抗震救灾等工作，取得了良好经营效益，得到了土耳其政府部门和当地民众的高度肯定。

注重生物多样性保护　营造良好海洋生态环境

由于工程现场位于土耳其自然保护和海龟筑窝区，是濒危动物绿海龟的产卵地，每年 5 月至 9 月，绿海龟会来到这里的沙滩上产卵。

★ 土耳其胡努特鲁煤电项目建设中。（国家电投集团上海电力股份有限公司供图）

为保护这一珍稀物种，上海电力通过创新技术应用、优化施工设计等一系列措施，全力保护海洋生态环境。

为尽量减少对海洋生态环境的影响，上海电力大力推广先进的环保技术，在脱硫、脱硝、除尘、废水处理、生态保护等方面的总投资超过了 7 亿元。如结合当地夏季平均相对湿度小于 80%、平均气温小于 32℃ 等情况，经过多次优化设计，将原项目一次循环冷却水方案优化为"烟塔合一"二次循环冷却水方案，冷却塔高 175 米、热力抬升高度 250 米，烟气通过冷却塔热力抬升后排放，得到了充分的扩散和稀释，大大降低落地浓度。上海电力也建成了国家电投首座境外没有烟囱的发电厂。同时，采取二次循环方案，在降低排水量、控制排水温度等方面成效显著，大大减少了项目对海洋生态环境的影响。

★ 工作人员在海龟保护区的沙滩清理海滩。（国家电投集团上海电力股份有限公司供图）

为保护海龟生活环境，胡努特鲁电厂把输煤栈桥和引接道路设计为大跨距桁架桥方案，使其直接跨越属于第一类和第二类海龟保护区的沙滩部分，使海龟产卵地得到了很好的保护。此外，在海龟产卵期间，胡努特鲁电厂采用长波光源，控制亮度和散射，以及采取停止现场施工、组织志愿者清理杂物等措施，最大程度地减少项目对海龟产卵的影响。2020年以来，当地海龟保护专家多次前往海龟产卵地检查，发现巢穴和小海龟数目均有所增长，他们对电厂采取的保护措施给予高度肯定。

坚持融合发展　打造土耳其最大混合电站

在胡努特鲁电厂建设过程中，上海电力秉承国家电投集团建设世界一流清洁能源企业的战略愿景，在推进火电项目高质量建设的同时，结合当地用电紧缺局面、太阳能资源丰富等情况，利用厂区闲置土地、建构筑物屋顶以及周边新增地申请建设光伏发电设施，全力打造火电+新能源融合式能源大基地。

在土耳其当地没有先例可参考的情况下，上海电力坚持"不为困难找理由，只为成功想办法"的理念，在不到半年的时间里，先后攻克申请程序前置条件限制、项目变更风险等困难，以最快的速度获得相关许可文件，并最终获得土耳其相关部门的正式批复。本次新增光伏装机容量约47.93MW，采取分步施工、分批并网的方式，所发电量全部接入厂用电系统，实现了良好的环境效益和社会效益，这也是土耳其政府批准的首批且容量最大的混合电站项目。

展望未来，上海电力将坚持把生态文明和绿色发展理念融入"一带一路"建设，不断巩固和拓展与相关国家清洁能源的合作伙伴关系，

★ 光伏电站

★ 胡努特鲁电厂全景图。（国家电投集团上海电力股份有限公司供图）

大力发展清洁能源项目，打造绿色低碳丝绸之路，为应对全球气候变化、推动能源清洁转型、带动能源产业发展体现新担当、做出新贡献。

（张石榴、魏建文、王启桂）

"一带一路"合作项目造福土耳其农民

　　苏格祖村位于土耳其南部阿达纳省，紧靠地中海。这里的村民主要种植向日葵、橄榄、西瓜、大麦等农作物，收入来源比较单一。同不少土耳其农村地区一样，当地每逢夏季干旱少雨，农业灌溉用水严重短缺。但如今，胡努特鲁电厂项目不仅给当地人带来了就业机会，还帮助当地缓解了用水难题。

　　胡努特鲁电厂是中土两国建交以来中企在土耳其金额最大的直接投资项目，是中国"一带一路"倡议和土耳其"中间走廊"战略对接

★ 胡努特鲁电厂全景图。（新华社记者 李振北摄）

★ 胡努特鲁电厂全景图。（新华社记者 李振北摄）

的重点项目。由于采取先进的发电技术，这里还是土耳其首个无烟囱电厂，有效兼顾节能环保。苏格祖村最先享受到这个项目带来的双重利好——创造就业和缓解用水难。

苏格祖村村长阿里·多安说，电厂建设项目自2019年9月开工以来，很多村民获得就业机会，不仅能养活自己，每天把面包带回家，还学习了新技能。

"有了这个项目，我们这里的年轻人可以憧憬一个光明的未来。"阿里·多安说。

与此同时，中国施工企业重视环境保护，同步建设工业和生活污水处理设施及地下水污染防治工程，为当地村民提供安全洁净的再生水来浇灌农作物。

★ 土耳其苏格祖村村民使用胡努特鲁电厂转化的再生水浇灌农田。（新华社记者 李振北摄）

★ 胡努特鲁电厂项目周边农田。（新华社记者 李振北摄）

　　胡努特鲁电厂项目首席环境监理工程师杜汉·阿拉兹介绍，为了严格保障再生水安全，工程师定期从3个监测井中抽取水样检测分析。她说："测试得出的结论是，没有污染。"

　　当地村民阿德姆·卡尔吉说，自己2018年建了一个橄榄园，但总是缺水，后来电厂项目带来了充沛的再生水，作物如今已提前迎来收获季，"原本（预计）7年能收获第一批橄榄，而我4年就收获了"。

　　种植西瓜的村民韦利·卡亚勒告诉记者，2022年西瓜收成很不错，尤其是在缺水季节有效缓解了用水难题。

　　（新华社记者李振北、王科文、孙浩；摄像乌穆特·厄兹吕）

吉塞水电项目

——世界最南端的水电站

　　吉塞水电站　利用圣克鲁斯河水发电，建设一个世界最南端的水电站项目，是阿根廷人半个多世纪以来的梦想。2013年，由中国能建葛洲坝集团与阿方企业组成的联营体中标吉塞水电项目（旧称基塞水电站项目"孔拉水电项目"），让阿根廷人看到了实现梦想的希望。这个位于世界最南端的水电站、中阿最大在建合作项目、南美地区纬度最高的在建水电站，承载了阿根廷人半个多世纪以来的梦想，也诠释着"一带一路"的合作内涵。

★ 这是2023年1月12日拍摄的位于阿根廷南部圣克鲁斯省的吉塞水电项目施工现场（无人机照片）。（新华社记者　王钟毅摄）

一个水电项目承载的阿根廷能源梦

清晨 7 时 30 分，在南美洲大陆南端，太阳还未完全升起，阿根廷人马里亚诺·穆索已经驱车前往圣克鲁斯河的吉塞水电站大坝施工现场。上班的路虽然颠簸，但他的心情十分舒畅，因为他知道，自己是在为实现阿根廷的能源梦作贡献。

圣克鲁斯河源自世界上仅有的 3 个总面积仍在增长的冰川之一——莫雷诺冰川。利用圣克鲁斯河水发电，是阿根廷人半个多世纪以来的梦想。20 世纪 50 年代就有研究指出，这条河具有非常稳定的水力发电条件。但由于种种限制，这个梦想一直未能实现。

2013 年，由中国能建葛洲坝集团与阿方企业组成的联营体中标吉塞水电站项目，让阿根廷人看到了实现梦想的希望。

2014 年 7 月，中国国家主席习近平对阿根廷进行了国事访问。访问期间，两国签署了吉塞水电站项目融资协议，标志着这个阿根廷历史上最大的水利工程正式进入实施阶段。

但对穆索这样的项目参与者来说，真正的考验才刚刚开始。圣克鲁斯河位于阿根廷巴塔哥尼亚高原，这里终年气候寒冷，狂风大作时，站稳都很困难。

现任该项目公共关系经理的穆索说，在这里工作，防风外套、墨镜、安全帽等必不可少。"气候对于项目建设绝对是一个挑战。由于地形关系，施工现场风速有时会超过每小时 100 公里，极端低温会让施工变得很艰难，但项目依然在有序推进中。"

长久以来，能源短缺问题一直制约着阿根廷经济发展。2018 年

★ 上图：这是 2021 年 8 月 26 日拍摄的阿根廷吉塞水电站项目施工现场（无人机照片）。（新华社发　中国能建葛洲坝集团阿根廷吉塞水电站项目部供图）

★ 下图：这是 2022 年 12 月 5 日拍摄的阿根廷吉塞水电站项目施工现场。（新华社发　中国能建葛洲坝集团阿根廷吉塞水电站项目部供图）

10月，中国国家主席习近平向"一带一路"能源部长会议和国际能源变革论坛致贺信时强调，能源合作是共建"一带一路"的重点领域。我们愿同各国在共建"一带一路"框架内加强能源领域合作，为推动共同发展创造有利条件，共同促进全球能源可持续发展，维护全球能源安全。

吉塞水电站，这个世界最南端的水电站项目诠释着"一带一路"的合作内涵。水电站建成后，年均发电量可达49.5亿千瓦时，预计可满足150万阿根廷家庭的日常用电，每年为阿根廷节省近11亿美元的油气进口开支，甚至可以实现对巴西、巴拉圭等邻国的电力出口。

要实现美好梦想并不容易，项目实施过程中还是遇到一些困难。吉塞水电站项目工地100多公里外就是莫雷诺冰川，保护周边生态环境成为该项目设计和实施的重要课题。中国工程师凭借丰富的经验和先进技术，在环境和生态保护、建筑安全等方面都做了设计安排，避免项目建设对当地生态环境产生影响。

中国能建葛洲坝集团阿根廷吉塞水电站项目部设计管理部副主任张红说，为避免影响莫雷诺冰川，大坝蓄水高度比原计划降低了2.4米。同时，水电站还设计了鱼道、生态放水底孔等，以满足环境保护的要求。

除缓解阿根廷能源短缺问题，吉塞水电站在解决就业、改善民生等方面也作出实实在在的贡献。

穆索说，现在该项目共有约2800人在工作，施工高峰期将创造5000个直接就业岗位、1.5万个间接就业岗位。"我们修了路，让交通变得通畅，我们把项目工人居住的村庄建设得越来越好……我们就像是建造了一个服务齐全的小型城镇。"

2020年，穆索被提名并获评中国首届"丝路友好使者"荣誉称号，这让他兴奋不已。作为公共关系负责人，穆索与阿根廷政府、媒体以

★ 这是2023年1月12日拍摄的位于阿根廷南部圣克鲁斯省的吉塞水电项目施工现场。（新华社记者　王钟毅摄）

及相关机构保持着良好沟通与互动。他说，向阿根廷各界更好地介绍"一带一路"，也是自己的职责与心愿。

　　"'一带一路'倡议对当地的发展极为重要，带给阿根廷的益处实实在在。中阿之间的'一带一路'合作带动了当地基础设施建设，对阿根廷和拉美都产生了非常积极的影响。"穆索这样说。

（新华社记者倪瑞捷）

中国企业筑梦阿根廷"百年梦想"工程

阿根廷南部的巴塔哥尼亚地区地广人稀，世界上为数不多、仍在继续增长的莫雷诺冰川为圣克鲁斯河带来丰富的水力资源。在冰川下游 200 多公里的地方，中国能建葛洲坝集团与阿根廷企业组成的联营体积极建设孔多克里夫和拉巴朗科萨两座水电站，即吉塞水电站。

经过近两年环境评估认证，这一项目于 2017 年 10 月恢复施工。拉巴朗科萨水电站负责人何塞·卡斯特罗说，中国企业承建的水电站项目不仅是阿根廷南部地区水电资源开发的重点项目，更是阿根廷"2020 年工业战略计划"的重要一环，是"百年梦想"工程。

吉塞水电站项目地处苦寒之地，即使在施工条件最好的夏天，这里依然寒冷刺骨，狂风大作。记者看到，由于地形关系，施工现场的风速有时会超过每小时 100 公里。在这里工作，防风外套、墨镜、安全帽等必不可少，即便如此，人们说几句话就会吃到满嘴沙粒。如果在冬天，极端低温会让施工变得更加艰难。

据项目部常务副经理袁志雄介绍，除了是世界最南端的水电站，吉塞水电站还创造了 3 个"最大"：它是中拉合作的最大项目，项目总投资在 53 亿美元左右；它是阿根廷在建的最大能源项目，项目建成后可以提升阿根廷整个国家电力供应的 6.5%；它也是中国企业目前在海外最大的电力投资项目。

由于距离水源地莫雷诺冰川很近，如何避免水电站对当地环境造成影响是建设过程中首先要考虑的问题。袁志雄说，水库蓄水高度比原计划降低了 2.4 米，是因为水电站建在圣克鲁斯河上，为避免水库建成后对上游阿根廷湖产生影响，水库蓄水高度将低于阿根廷湖水面高度。此外，水电站还设计了鱼道、生态放水底孔等，严格执行生态保护要求。

★ 这是 2018 年 11 月 3 日在阿根廷南部的巴塔哥尼亚地区拍摄的吉塞水电站项目施工现场。
（新华社发 马丁·萨巴拉摄）

★ 这是2018年11月3日在阿根廷南部的巴塔哥尼亚地区拍摄的吉塞水电站项目施工现场。
（新华社发 马丁·萨巴拉摄）

　　记者在现场看到，可容纳5000余人工作和生活的营地已初具规模。尽管地处偏远，营地依然配建了健身房、室内运动场等设施，以丰富施工人员的生活。

★ 这是2018年11月3日在阿根廷南部的巴塔哥尼亚地区拍摄的吉塞水电站项目施工现场。
（新华社发 马丁·萨巴拉摄）

　　据了解，中国葛洲坝集团与当地政府和工会商量了培训计划，目前已对设备操作手、钢筋工、木工等当地招聘人员进行了专项培训。

　　目前，吉塞水电站的建设已为当地带来不少变化：两座水电站沿线开通了高等级公路，为项目提供融资的银行在现场开设了网点，当地的旅游项目开发也被带动起来。

　　在中国企业的帮助下，阿根廷逐步实现电力自给自足的"百年梦想"。随着中国与阿根廷合作的不断密切和深化，期待有更多像吉塞水电站一样的项目助力阿根廷经济社会发展。

　　　　　　　　　　　　　　　　（新华社记者倪瑞捷、王蔚）

缅甸小其培电站

——『缅北明珠』点亮繁荣未来

缅甸小其培电站 坐落在缅甸恩梅开江江畔的小其培电站，是国家电投在缅甸投资建设的第一座水电站，被当地民众亲切地誉为"缅北明珠"。作为缅北地区的骨干电源之一，小其培电站保障了方圆400多平方公里、近200个村庄、约40万人的日常用电所需，为缅北经济社会发展作出了重要贡献。2013年至2023年10月底，小其培电站已连续安全运行3686天，累计发电21.35亿千瓦时，有力保障缅甸当地民众的生产生活，得到缅甸各界的高度认可。

★ 缅甸小其培电站。（国家电投集团云南国际电力投资有限公司供图）

缅甸小其培电站的绿色答卷

　　小其培电站坐落于缅甸恩梅开江江畔，那里四季葱翠、风光旖旎、气候宜人，有着碧水蓝天和柔软温暖的沙滩，是人们趋之若鹜的避暑胜地。小其培电站作为缅北地区的骨干电源之一，保障了方圆400多平方公里、近200个村庄、约40万人的日常用电所需，清洁、稳定的电源为缅甸经济发展和社会进步发挥了重要作用。

　　一直以来，小其培电站在建设和运行时始终秉承"建设一个项目、造福一方百姓"的初衷，以优美的厂区环境、一流的运行管理能力与"和而不同"的企业文化吸引着各界人士的眼球，成为当地水电站建设运行管理和文化融合的示范窗口。

　　作为电力保障示范窗口，小其培电站发扬特别能战斗、特别能吃苦的

精神，创新开展设备精细化管理，落实安全生产主体责任，坚持"设备隐患动态清零"，在安全生产"零事件、零事故"的基础上，发电量屡创新高，践行了为缅甸保供电的庄严承诺。

★ 缅甸小其培电站。（国家电投集团中国电力国际发展有限公司供图）

★ 缅籍员工语言及技术培训。（国家电投集团云南国际电力投资有限公司供图）

　　作为人才培训示范窗口，小其培电站始终坚持属地化自主运维理念，引进中国国内成熟先进的人才培养模式，通过"师带徒""理论与实操培训""远程课堂"等多种模式，以负责任态度为缅甸培养优秀技能人才 112 人，为缅甸电力部培养和输送电力人才 32 余人，部分人员已成为缅甸其他水电站的技术骨干。另外，小其培电站推荐优秀员工及周边社区优秀少数民族大学生 15 人赴河海大学攻读水资源管理及环境工程等专业，设立奖助学金资助当地学生继续深造，为缅甸源源不断培养专业技术 人才，得到各界广泛赞誉。作为生产运行示范窗口，小其培电站引进国内"7S""安健环"等先进管理工具，结合缅甸属地化管理要求，制定运行管理制度规程 200 余项，以一流的运行管理能力，推进安全生产管理取得实效。截至 2023 年 10 月底，已累计向当地供电约 21.35 亿千瓦时，约占缅北电网的 70%，累计实现安全运行 3686 天。

★ 缅甸小其培电站。（国家电投集团云南国际电力投资有限公司供图）

★ 小其培电站厂房。（国家电投集团云南国际电力投资有限公司供图）

作为社会责任履行示范窗口，小其培电站围绕当地经济社会发展及民众所需，组织落实电力科普、社会公益等民生项目，组织中缅员工开展用电安全讲座 40 余场次，实施了基础设施援建、医疗设施捐赠、捐资助学和防疫援助等民生工程，为当地经济发展及文化、教育、医疗等条件改善发挥了积极作用。特别是新冠肺炎疫情暴发以来，以"反脆弱"和"三个一公里"思维开展精准防疫公关，先后为周边重要群体开展防疫援助 217 次，送发"防疫健康包"130 份，成为当地的"公益明星"。

作为对外宣传示范窗口，缅甸各级政府官员、民族及宗教领袖、

★ 小其培电站办公区。（国家电投集团云南国际电力投资有限公司供图）

社会精英、学生等群体先后到小其培电站参观考察约 30 批次、1200 余人。新冠肺炎疫情后，由缅籍技术员工牵头开展小其培电站"云考察" 5 次，推动电力科学技术传播，促进中缅交流，取得了良好的社会效应。

作为文化融合示范窗口，小其培电站充分尊重不同民族、宗教员工的文化风俗，围绕中缅员工不同文化理念和需求，打造了"和之屋""胞波亭""职工小家"文化阵地，利用中缅两国重要节日开展具有中缅文化特色的文体活动；创办"小其培电站医疗互助基金"，帮助困难员工，建立心理辅导机制，以员工关心关爱为抓手，让属地员工以主人翁姿态融入企业管理，形成既相互融入又相互尊重"和而不同"的小其培特质文化，国家电投的管理理念得到属地员工的一致认同。

在新的征程上，小其培电站将立足服务国家外交大局，持续安全稳定保障电力供应，致力于完善缅北骨干电源、人才培养基地、"一带一路"沿线项目示范窗口。

（张石榴、张学金、李文斌）

小其培电站的"铿锵玫瑰"

"保护我的电站，保护我的家人"是她写在学习笔记上的两行字，也是她对自己的承诺。她就是小其培水电站的第一位自招缅甸籍少数民族女值长玛珊楠（Ma Seng Nan），她被大家亲切地称为央企里的"外国凤凰"。小其培水电站在见证着缅北逐渐变亮的同时，也记录着一位乡村教师到女值长的蜕变。

★ 玛珊楠。（国家电投集团云南国际电力投资有限公司供图）

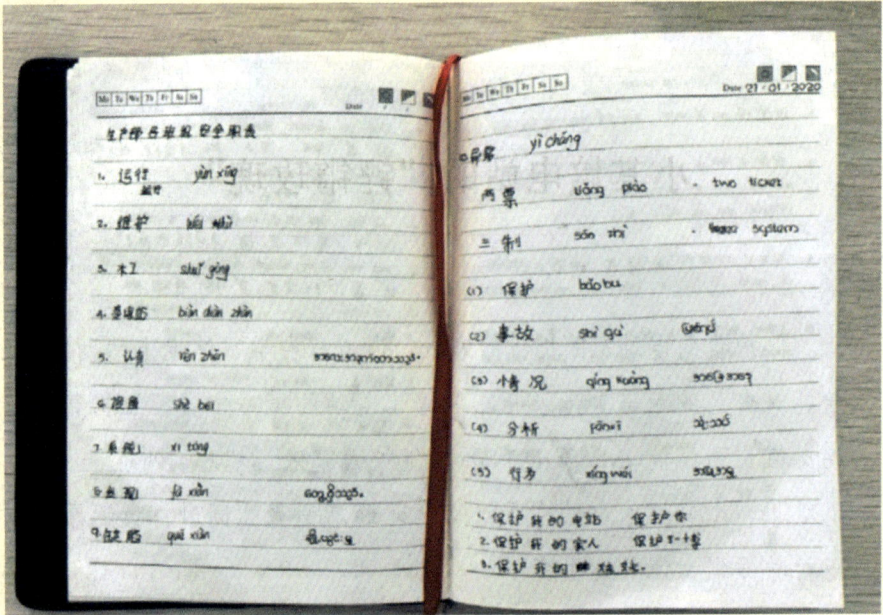

★ 玛珊楠的学习笔记。（国家电投集团云南国际电力投资有限公司供图）

2014年底，从密支那技术大学毕业后，玛珊楠回到了家乡并当起了乡村教师。2015年，她看到小其培电站招聘公告后，长途跋涉来到电站应聘，凭借扎实的专业功底被聘用。

2017年9月，玛珊楠被任命为生产运行部副值长。2020年6月，她以过硬的综合能力征服考官，由副值长晋升值长，实现了从乡村教

★ 玛珊楠在指导工作。（国家电投集团云南国际电力投资有限公司供图）

师到女值长的蜕变。

　　8年来，这个柔弱的缅甸女子成长为电站运行的"花木兰"，跟着男同事白加黑三班倒。她勤学、勤问、勤动手，记参数、摸规律，为摸清一个原理反复到现场对规程、对程序，一项一项钻研技术，她不但自己学，还带动大家一起学，受到缅甸电力与能源部派驻人员及中方技术人员的普遍赞许。她常说："我在电站工作很自豪，因为我

★ 玛珊楠与同事们在一起。（国家电投集团云南国际电力投资有限公司供图）

为我的祖国和父老乡亲送去光明。"

玛珊楠还积极主动向缅籍员工宣传公司政策和文化，带领缅籍员工制作中缅文字"和文化"展板，宣传解读"和文化"，有效促进缅籍员工对公司企业文化、管理理念等的认可和自觉遵守。她说："我爱小其培电站，我爱国家电投，我爱中国，我希望中缅两国人民永远都是好朋友。"

玛珊楠利用业余时间学习中文，战胜语言"拦路虎"，为了让民众都能了解"SPIC"和小其培电站，她主动担当起宣讲员，用通俗

★ 玛珊楠成为小其培电站的"网红主播"。（国家电投集团云南国际电力投资有限公司供图）

易懂的语言宣传国家电投的先进管理经验、企业社会责任。2020年，她更是成为"小其培电站云考察"的"当红主播"，观众们纷纷"点赞"。

不懈的努力也使玛珊楠获得了大家的认可。2018年，她被国家电投集团云南国际电力投资有限公司授予2018年度安全生产先进奖；2021年，她被国家电投集团授予2021年度"建功创一流"巾帼标兵；2022年，她被国家电投集团云南国际电力投资有限公司授予2022年度优秀缅籍员工。

（张石榴、刘瑷童、郭春娟）

河钢塞钢

——多瑙河畔的「钢铁交响曲」

河钢塞钢 位于多瑙河畔的斯梅代雷沃钢厂成立于1913年，是塞尔维亚最大的钢铁企业。由于国际市场竞争激烈、管理不善等原因，该钢厂一度陷入困境，濒临倒闭。2016年，中国河钢集团响应共建"一带一路"倡议，收购了当时连续亏损7年的斯梅代雷沃钢厂，成立了河钢集团塞尔维亚有限公司（以下简称河钢塞钢）。如今，在中塞双方员工的团结努力之下，河钢塞钢不负众望，成为中国与中东欧国家产能合作和共建"一带一路"的样板工程。

★ 河钢集团塞尔维亚斯梅代雷沃钢厂厂区。（新华社记者 任鹏飞摄）

河钢塞钢：多瑙河畔书写"中塞一家亲"

2021年9月14日，多瑙河畔，在河钢塞钢热轧厂，首席技术官赵凯星跟塞方技术人员一起，对新建的加热炉系统部分设备进行验收检查。

"这不是零打碎敲式的改造，而是对加热炉系统的全面升级。"赵凯星介绍，新建步进式双蓄热加热炉系统通过粗轧机改造、升级精轧自动化系统、改善辊型匹配，不仅大幅度降低了能源消耗，降低了事故率，还提升了技术经济指标和产品质量。实实在在的改造成效赢得了塞方员工的啧啧赞叹。

"在万里之遥的塞尔维亚管理一家老钢厂，最难的是赢得塞方员工的认同和支持。"作为最早赶赴河钢塞钢的管理人员之一，河钢塞钢执行董事宋嗣海见证了这座钢厂的蜕变。

河钢塞钢原名斯梅代雷沃钢厂，是塞尔维亚唯一一家国有大型支柱性钢铁企业，曾因为经营不善等原因陷入困境。2016年4月，在"一带一路"倡议下，河钢集团从推进全产业链全球化布局的战略出发，正式收购斯梅代雷沃钢厂。

"我相信，在双方密切合作下，斯梅代雷沃钢厂必将重现活力，为增加当地就业、提高人民生活水平、促进塞尔维亚经济发展发挥积极作用。"

　　宋嗣海清晰记得，2016年6月19日，习近平总书记亲临河钢塞钢视察，发表了热情洋溢的讲话，送来了对河钢塞钢管理团队的亲切关怀和巨大鼓舞。

　　牢记总书记的殷殷嘱托，宋嗣海带领团队直面挑战，攻坚克难，针对钢厂设备多年停产失修等问题，迅速制定了初步改造方案。然而，对于这份新方案，不少塞方员工却表示担忧，"很多都是钢厂从没有过的新做法，能行不？"

　　用数据决策，拿实效说话。过去，钢厂自产大量高炉煤气，而加热炉烧的是买来的天然气。他们通过技术改造，将高炉煤气用于加热炉，实现年降成本1200万欧元。过去，钢厂生产中剪切下的钢材尾料通常被当成废钢处理。他们通过实施废渣配比再利用，把月产千吨

★ 工人在河钢集团塞尔维亚斯梅代雷沃钢厂冷轧车间穿行。

★ 河钢集团塞尔维亚斯梅代雷沃钢厂转炉车间，生产设备在进行冶炼作业。

的废料变废为宝。

在理念碰撞中，中方员工坚持开放合作、互利共赢的价值理念，与塞方员工共同研究并解决技术难题，交流并分享经验和方法，携手合作推进企业改造升级。中塞员工在共同努力下，瞄准"欧洲领先的绿色节能现代化工厂"的目标，各类工艺改造升级项目紧锣密鼓地落地。

多年来，河钢集团累计投入 2.5 亿美元对河钢塞钢原有设备进行技术改造和产线提升，输出 20 多项自有知识产权技术，大大提升了企业绿色智能制造水平。

产线升级了，销售压力随之而来。河钢塞钢积极发挥河钢德高平台作用，拓展产品市场，进一步增加高售价地区的产品投放量。

通过努力，2021 年以来，河钢塞钢与欧洲 4 家最大的镀锡产品客户签订年度销售协议，使欧洲高端白色家电生产商 Gorenje 集团供货量提升 3 倍以上，并实现了企业历史上汽车钢产品销售零的突破。

河钢塞钢管理团队驻扎钢厂后，婉拒了塞方给高管层配专车、配保镖、配秘书的待遇，他们选择在钢厂所在城市租房居住，跟当地普通员工一样，拼车上下班，打卡入厂，在员工食堂吃饭。

"'一带一路'倡议好，迎来了中国朋友，让我们的生活越来越好。"河钢塞钢员工沃伊斯拉夫和娅斯米娜夫妇过去住的是 21 世纪 50 年代的旧房子，两个孩子挤在一个房间里住。河钢集团接手钢厂后，夫妻俩工作稳定了，工资增加了，对房子进行了扩建装修，居住环境大大改善。

"河钢收购的初衷就是要共赢，让被收购企业越来越好。"多年来，河钢塞钢坚持利益本地化、用人本地化、文化本地化"三个本地化"原则，不仅解决了原有 5000 多名员工的工作需求，钢厂供货商间接提供的 16000 多个岗位也令员工有了稳定保障，员工收入增长近 10%。

此外，河钢塞钢举办了多期国际产能合作培训班，组织当地管理和技术团队到中国进行学习访问，加深他们对河钢文化以及中华文明的理解，并且引入国内一些企业关爱员工的做法，通过看望退休职工、改善公司食堂就餐环境、每年为员工家庭学龄儿童准备书包文具、创办塞文杂志等措施，让员工切实感受到企业的温暖，营造了"中塞一家亲"的浓厚氛围。

河钢塞钢展现出蓬勃生机与活力，为当地居民带来了满满的获得感、幸福感。在钢厂所在地斯梅代雷沃市，目前年财政收入达到原来

★ 工人在河钢集团塞尔维亚斯梅代雷沃钢厂热轧车间作业。

的两倍多，失业率由 18% 降至 6%，新生儿出生率排名塞尔维亚第一。近几年来，河钢塞钢自觉担负起应尽的社会责任，投入 100 多万美元，用于当地道路修建、村庄供水、捐资助学。

随着河钢塞钢的影响力不断提升，塞尔维亚流行起了"中国风"。在该国斯梅代雷沃市沿街商铺，不少店主主动插上了中塞两国国旗。河钢塞钢职工及子女还掀起学习中文的热潮，不少人还为自己起了中文名字。

国之交在于民相亲，民相亲在于心相通。河钢塞钢的成功实践，对推动中国企业更好地走出去、积极融入"一带一路"建设提供了有益借鉴，成为连通中塞友谊的"钢铁桥梁"。依托河钢塞钢，河北省政府与塞尔维亚经济部签署关于中塞友好（河北）工业园区谅解备忘录，为当地人民带来新福祉。

（贡宪云、新华社记者任鹏飞）

用"钢的琴"奏响欢乐颂

周末的时候，塞尔维亚人弗拉丹·米哈伊洛维奇总喜欢到斯梅代雷沃市的多瑙河畔走走。他就职的斯梅代雷沃钢厂的码头就在这里。每当想起这座钢厂的兴衰起伏，他就会感到它如同一首"交响曲"在心中久久回响。

★ 河钢集团塞尔维亚斯梅代雷沃钢厂首席运营官弗拉丹·米哈伊洛维奇在斯梅代雷沃的办公室工作。（新华社发　内马尼亚·恰布里奇摄）

　　这座位于多瑙河畔的钢厂成立于 1913 年，是米哈伊洛维奇工作了近 30 年的地方。他刚入职时，作为该国唯一的国有钢厂，斯梅代雷沃钢厂被誉为"塞尔维亚的骄傲"。但是，由于国际市场竞争激烈、管理不善等原因，斯梅代雷沃钢厂一度陷入困境，濒临倒闭。

　　现年 57 岁的米哈伊洛维奇在办公室接受记者采访时说："20 世纪 90 年代初，我从塞尔维亚贝尔格莱德大学毕业后，在斯梅代雷沃钢厂迈出了职业生涯的第一步……那时候我们在生产方面遇到很多问题，特别是在原材料采购上。"

　　2003 年，一家外国钢铁公司接手钢厂，但这并未带来多少改变。2012 年，这家外国公司以 1 美元的价格将钢厂售回给塞尔维亚政府。

★ 河钢集团塞尔维亚斯梅代雷沃钢厂厂区。（新华社记者　任鹏飞摄）

★ 工人在河钢集团塞尔维亚斯梅代雷沃钢厂工作。（新华社记者　石中玉摄）

"我们当时非常担心自己的生活，担忧工厂是不是会倒闭，完全看不到工厂的未来。"斯梅代雷沃钢厂热轧厂副总经理伊万·马特科维奇说。

钢厂的经营在 2016 年出现了转机。中国河钢集团响应共建"一带一路"倡议，并结合自身发展，以 4600 万欧元收购了当时连续亏损 7 年的斯梅代雷沃钢厂，成立了河钢集团塞尔维亚斯梅代雷沃钢厂。

2016 年 6 月，中国国家主席习近平参观河钢集团塞尔维亚斯梅代雷沃钢厂。习近平指出，今天，中塞企业携手合作，开启了两国产能合作的新篇章。这既是对两国传统友谊的延续，也体现了双方深化改革、实现互利共赢的发展决心。中国企业一定会与塞方同行精诚合作。在双方密切合作下，斯梅代雷沃钢厂必将重现活力，为增加当地就业、

★ 河钢集团塞尔维亚斯梅代雷沃钢厂内部。（新华社记者　石中玉摄）

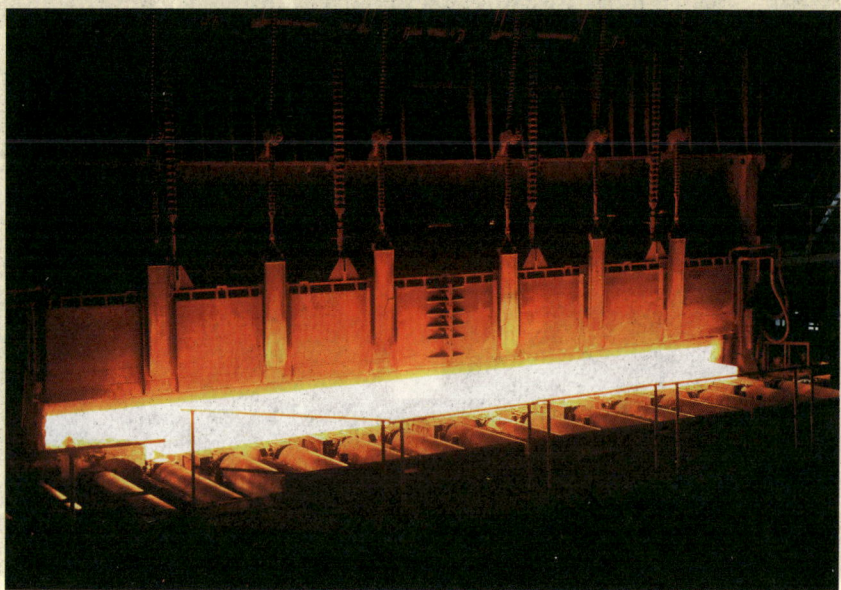

★ 河钢集团塞尔维亚斯梅代雷沃钢厂热轧生产线。（新华社记者　任鹏飞摄）

提高人民生活水平、促进塞尔维亚经济发展发挥积极作用。

河钢塞钢首席运营官米哈伊洛维奇说："我们所有斯梅代雷沃钢厂的人都非常兴奋！当时，我向习近平主席保证，所有人都将全心投入、努力工作，利用这座工厂百年历史积累下来的经验，尽一切努力让这个项目取得成功。"

为了让钢厂扭亏为盈，河钢塞钢制定了"用人本地化、利益本地化、文化本地化"的"三个本地化"原则。

保障钢厂5000多名员工就业，做到"钢厂原有职工一个都不能少"，是"用人本地化"的第一步。河钢集团只从中国抽调9名管理和技术骨干组成了管理团队，其余全部为本地员工。

★ 在河钢集团塞尔维亚斯梅代雷沃钢厂热轧车间，吊车在吊运钢卷。（新华社记者 任鹏飞摄）

★ 工人在河钢集团塞尔维亚斯梅代雷沃钢厂热轧车间作业。（新华社记者　任鹏飞摄）

　　河钢塞钢保留全部塞方职位的做法让员工们感到安心，使他们可以全身心地投入生产。

　　钢厂工人达尼耶尔·格拉瓦什去年说，8年前和现在相比，可以说是天壤之别。"那时候我们没有未来，不知道将来会怎样。自从新的管理层到来后，我们有了保障，包括我们的岗位和薪水。"

　　除"用人本地化"外，河钢集团还利用自身上下游的渠道优势，大幅降低原材料采购成本，并成功地把成品销往欧洲各地。

　　河钢塞钢首席技术官赵凯星说："钢厂的设备、服务及原材料采购主要以在欧洲采购为主，真正实现了效益的本地化。"

　　钢厂在实行一系列有效措施后，短时间内就扭转了连续7年的亏

★ 在河钢集团塞尔维亚斯梅代雷沃钢厂拍摄的成品钢卷。（新华社记者　任鹏飞摄）

★ 工人在河钢集团塞尔维亚斯梅代雷沃钢厂冷轧车间作业。（新华社记者　任鹏飞摄

损局面。2018 年，钢厂年产 177 万吨钢，创下建厂 105 年来最高纪录，当年实现收入 10.5 亿美元，一举成为塞尔维亚第一出口创汇大户。2020 年，钢厂连续 3 年蝉联塞尔维亚最大出口企业。

2019 年 4 月，习近平主席在第二届"一带一路"国际合作高峰论坛开幕式上强调，我期待着同大家一起，登高望远，携手前行，共同开创共建"一带一路"的美好未来。

斯梅代雷沃钢厂的巨大变化，展现了这样的发展现实。

塞尔维亚总统武契奇 2021 年 2 月在接受新华社记者采访时说："中

国公司挽救了这座濒临倒闭的钢铁厂，并且保留全部 5000 个工作岗位，加上合作伙伴，一共可以提供 5 万个岗位，对于塞尔维亚这样一个体量相对较小的国家来说，这个数字巨大。"

作为钢厂的员工，米哈伊洛维奇对河钢塞钢在短时间内取得这样的成绩感到自豪。"你能想象吗？短短的 5 年半时间里，一家濒临倒闭的工厂将要成为欧洲地区最棒的工厂之一。"他说。

在企业快速发展的同时，河钢塞钢也自觉担负起社会责任。近年来，公司投入上百万美元为当地修建道路、为村庄供水、捐资助学……

国之交在于民相亲，民相亲在于心相通。这首多瑙河畔的中塞"钢铁交响曲"正不断演奏出新的动听旋律。

（新华社记者石中玉、张玥；报道员内马尼亚·恰布里奇、王韡）

非洲最大玻纤生产基地

——"玻纤之花"绽放红海之滨

非洲最大玻纤生产基地 埃及，是几千年前就发现并使用玻璃用具的国家，但在玻璃纤维领域曾长期是一片空白。2012年，中国巨石埃及玻璃纤维股份有限公司（巨石埃及）在埃及苏伊士成立。坐落于红海之滨的巨石埃及，使埃及玻璃纤维行业实现从无到有，有效带动当地矿产、包装材料等上下游产业链蓬勃发展。如今，一座座小山一样的石料通过巨石埃及，变成洁白如丝、坚硬如钢、轻巧如纸的玻璃纤维，再经埃及的港口输送到世界各地。埃及巨石玻纤基地年产能达到34万吨，成为非洲大陆最大的玻璃纤维生产基地，埃及已成为世界第四大玻纤生产国。

★ 巨石埃及公司。（无人机照片　巨石埃及公司提供）

非洲最大玻纤生产基地建成投产

　　"三、二、一，点火！"当地时间 2022 年 12 月 15 日下午，随着埃及苏伊士运河经济区总局主席瓦利德·贾迈勒丁、中国驻埃及大使廖力强和中国巨石股份有限公司国外生产总监张文超共同按下红色按钮，非洲大陆最先进的年产 12 万吨玻璃纤维生产线点火成功。

★ 巨石埃及公司全景。（巨石埃及公司提供）

当天，位于埃及红海之滨、苏伊士运河之畔的中国巨石埃及玻璃纤维股份有限公司（巨石埃及公司）举行了这场点火仪式。项目投运后，巨石埃及玻纤基地产能合计达年产 34 万吨，成为非洲大陆最大玻纤生产基地。

张文超表示："项目建成将全面提升巨石埃及公司智能化水平，创新应用大池窑拉丝技术、智能制造技术、绿色制造技术，提高企业生产效率、能源利用率，进一步降低运营成本，促进企业转型升级。"据介绍，新建生产线投资 3.5 亿美元，在当地招工近 600 人。

中国巨石 2012 年到埃及投资，积极支持当地经济发展，带动矿产、包材、卫浴等上下游产业链的蓬勃发展，直接为当地创造就业岗位超2000 个。张文超说，中国巨石始终把埃及作为海外投资和发展的重要战略布点，自 2012 年在埃及投资建厂以来，不断增加投资扩大规模，累计投资达 10 亿美元。

巨石埃及公司总经理吴平表示，玻纤基地项目建设历时 14 个月，采用最先进的玻纤池窑纯氧燃烧技术、大漏板多分拉技术、自动物流输送技术，是一条中国巨石自主设计、拥有自主知识产权、高度自动化和智能化的生产线，每年可为埃及新增创汇 1 亿美元。

用激情燃烧的岁月　诠释建材人的担当

吴平，巨石埃及公司总经理，巨石海外生产基地"元老"级人物。2013 年初，他来到埃及，伴随着巨石首个海外生产基地从无到有，从小到大，他 10 年如一日，从巨石埃及公司最初的工程建设到稳定生产，再到发展经营管理，始终保持着一颗探索集团国际化事业的初心，用激情燃烧的岁月，诠释着建材人的责任和担当。

自 2013 年被派驻到巨石埃及公司，他先后参与公司 301、302、303 三条玻纤池窑生产线的工程项目建设，主持 305 仓库、包材、短切毡以及微粉等多个配套工程项目的建设，带领团队提前 4 年完成 20 万吨玻纤生产基地的建设，为巨石筑梦红海之滨倾尽全力。

2015 年，年产 8 万吨玻纤生产线建设项目拉开序幕，66 千伏变电站建设成为吴平至今难忘的项目。那时距离巨石埃及年产 8 万吨玻纤生产线建设线点火时间不到 20 天，技术人员发现地理信息系统（GIS）的电缆终端接口部件跟 66 千伏电缆无法匹配。这个部件是定制件，没有现货，要从中国快递，如此一来，该项目根本无法在预计点火时间成功点火。吴平顿时傻了眼，没有办法，只得将情况向上级

★ 吴平在海边留影。（图片为受访者提供）

领导汇报，得到上级"点火时间不能推迟，要不计一切代价解决"的指示后，他和其他同事反复与供方沟通，最终将原来的半个月工期赶在 4 天内加班加点完成部件的制作。靠着吴平和大家的不懈努力，变电站通电问题最终得到了解决。随后项目组每天加班加点，累了就靠在现场休息，最终 66 千伏变电站在 6 月 16 日全线通电，巨石埃及公司年产 8 万吨玻纤生产线建设最终顺利点火投产。

为了能全身心投入工作，吴平在 2013 年将妻子也带到了埃及。2016 年，巨石埃及公司 302 项目建设如火如荼地进行，但 301 线的生产作业还不稳定，而此时吴平已经怀孕几个月的妻子由于不适应气候和环境，身上出现很严重的湿疹。那段时间，吴平既要协调跟踪工

★ 吴平与妻子、女儿的合影。（图片为受访者提供）

程建设，又要忙着恢复、稳定 301 线生产，每天下班后，还要带妻子去 100 多公里外的开罗看病，然后当天晚上返回公司。2016 年 6 月，孩子在开罗医院出生，为了不耽误工程建设的进度，妻子仅住了 4 天院就被接回公司，而此时的他一边照顾妻女，一边又投身项目建设中。为了纪念那段难忘的岁月，他给孩子取名吴恺洛，谐音"开罗"。

★ 巨石埃及公司原料生产车间外景。（新华社记者　王东震摄）

在吴平的带领下，巨石埃及公司在工程建设以及稳定生产经营过程中，始终坚持文化融合，协同发展，注重埃方人员的成长，大力开展员工本土化培养。公司目前已经实现两名埃方员工进入高管团队，十名埃方员工担任部门第一负责人，公司整体本土化比例达98%。同时在他的带领下，埃及公司开机率、成本控制、队伍培养以及人员效

★ 巨石埃及公司玻璃纤维产品。（新华社记者　王东震摄）

★ 在埃及苏伊士巨石埃及公司，员工在玻璃纤维生产线上工作。（新华社记者　王东震摄）

★ 巨石埃及公司与汉语桥俱乐部（开罗站）开展联谊活动。（图片为受访者提供）

率等各项指标逐年提升，不断刷新历史纪录，全方位地树立了玻纤海外生产基地的标杆，用实践为集团国际化事业提供了珍贵素材。

10年时间如白驹过隙，吴平的小闺女在埃及长大，埃及仿佛成了吴平一家的第二个故乡。开拓、坚守、建设、经营……10年来他不说一句苦，没有一句抱怨，巨石埃及公司也如他呵护的孩子般发展壮大。

目前巨石埃及公司已经成长为高速发展的国际化玻纤生产企业，吴平也伴随着公司的发展一路成长，那些激情燃烧的岁月，淋漓尽致地展现了一名建材人的责任和担当，他也将继续满怀激情，不辱使命，为集团国际化事业的发展添砖加瓦！

（吴中敏、姚兵）

材料创造美好世界

埃及拥有丰富的矿产资源，
古埃及文明的象征——金字塔
正是由巨大的岩石垒成。
然而，因为缺乏相关的技术、设备和人才，
埃及的矿产资源未得到充分利用，

★ 玻璃纤维生产车间。

★ 埃及吉萨金字塔。

而其蕴含丰富的石英石、高岭土、石灰石等矿石，

正是制造玻璃纤维的重要原料。

玻璃纤维的单丝直径在几微米到 20 微米之间，

相当于头发丝的二十分之一。

如此不显眼的纤维却因其质轻、高强度、耐高温等特性，

被广泛运用于风电、新能源汽车、管道、卫浴等领域。

★ 玻璃纤维。

★ 玻璃纤维是多种产品的重要基础材料。

十几年前，

玻璃纤维在埃及还是一个陌生的名词。

2012 年，

中国巨石埃及玻璃纤维股份有限公司落户埃及。

在十几年的时间里，

一座座小山一样的石料，

经过巨石带来的全套生产技术，

★ 巨石埃及公司的原料生产场地。

制造成洁白如丝、坚硬如钢、轻巧如纸的玻璃纤维，

销往世界各地，

为埃及赚回外汇，

使当地丰富的矿产资源和人力资源得到有效利用。

作为中埃共建"一带一路"重要成果，

巨石埃及公司积极支持当地经济，

助力埃及青年获得成长、实现自身价值。

★ 玻璃纤维产品。

2012 年，

23 岁的埃及青年苏莱曼大学毕业后进入巨石埃及公司，

成了制品车间的一名工艺员。

经过 4000 多天的不懈奋斗，

苏莱曼凭借扎实肯干的态度和刻苦钻研的劲头，

在公司高速发展的同时得到快速晋升，

最后当上了巨石埃及公司副总经理。

★ 巨石埃及公司副总经理苏莱曼。

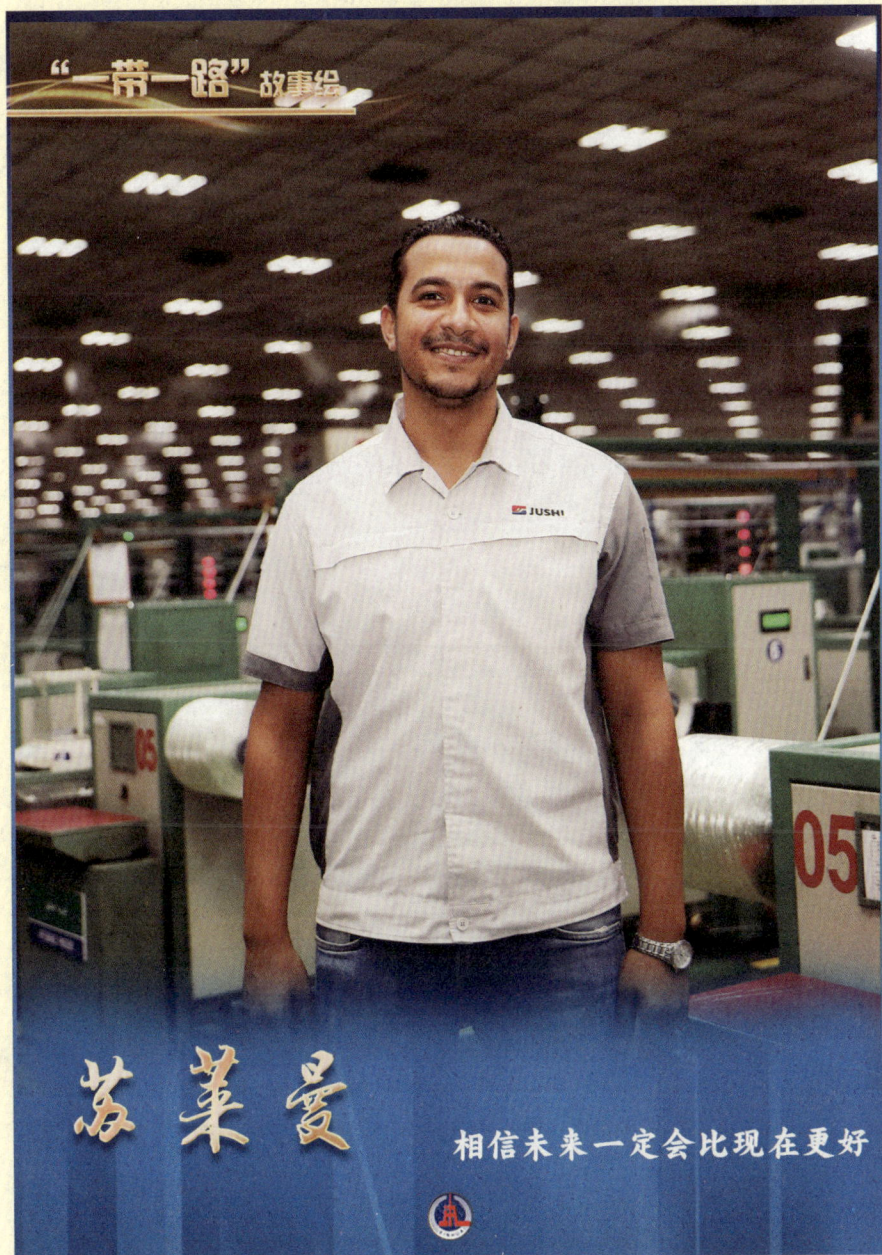

"一带一路"故事绘

苏莱曼

相信未来一定会比现在更好

巨石埃及计调物流部副经理迪娜

也是一名有着 10 年工龄的"老员工"。

回忆起过去 10 年与巨石一起奋斗成长的历程,

迪娜感慨万千。

迪娜说,

从 2013 年到 2023 年,

公司月产量增长至原来的 4 倍多,

这对我们所有人来说都是一个很大的挑战。

如今,

巨石在国际玻璃纤维市场上占有率超过 25%,

全球每三片风电叶片中就有一片使用了巨石的产品。

"一带一路"故事绘

迪娜

与巨石一起奋斗成长

★ 巨石埃及公司所在的中埃·泰达苏伊士经贸合作区。

巨石埃及公司积极支持当地经济，

有效带动埃及矿产、包装材料等上下游产业链蓬勃发展，

累计为当地创造了超 16 亿美元的出口创汇。

（王诺、邬惠我、王东震、隋先凯、沈丹琳、秦迎、孟丽静）

塞内加尔乡村打井工程

——非洲大陆上的『幸福井』

塞内加尔乡村打井工程 塞内加尔邻近撒哈拉沙漠，中部和东部地区多为半沙漠地带，旱季最高气温可达45℃。在远离城市的农村，供水设施往往老旧不堪，村民的基本生活用水常年得不到保障。为解决农村居民的用水问题，中国援建了塞内加尔乡村打井供水基础设施建设工程。由中国石化新星石油公司所属中地海外公司承建的塞内加尔乡村打井供水基础设施建设工程自投入运营以来，有效地解决了塞内加尔七分之一人口的吃水用水问题，极大改善了当地农村居民的生产生活条件。

★ 这是2023年3月20日在塞内加尔久尔贝勒区的泰内富勒村拍摄的井区全景。（新华社记者 韩旭摄）

一口非洲大陆上的"幸福井"

雨季刚过，塞内加尔久尔贝勒区的巴林村炎热且荒凉。一眼望去，村民居住的简易茅草房和周围的土地连成一片，村里高高竖起的一座水塔格外显眼。

在水塔旁的供水机房里，巴林村村民迪奥姆正精心擦拭供水设备，检查运行状况，为发动机加满机油。

迪奥姆是中地海外塞内加尔公司乡村打井工程的一名水井协调员，负责维护巴林村的这口水井。这口井，是中国提供融资实施的塞内加尔乡村打井工程的一部分。迪奥姆见证了工程实施过程，也看到了这口井给当地带来的变化。

塞内加尔邻近撒哈拉沙漠，中部和东部地区多为半沙漠地带，旱季最高气温可达45℃。在远离城市的农村，供水设施往往老旧不堪，村民的基本生活用水常年得不到保障。

巴林村就曾是这样的一个缺水村落。以前，村里只有一口井，人们每天凌晨就要开始排队打水，邻村的居民甚至要走2000多米的路来这里打水。排队时间会从凌晨持续到午夜，因此村子里很多年轻人都没法去上学。

在村里的老井前，迪奥姆说："以前打水太难了，这里只有一口井，而且常年缺乏维护。"

非洲民众的民生福祉一直是中非合作的一项重要内容。2015 年，中国国家主席习近平在中非合作论坛约翰内斯堡峰会上提出中非"十大合作计划"。此后，乡村打井工程成为中塞双方落实"十大合作计划"的举措之一。

2018 年 7 月，在对塞内加尔共和国进行国事访问前夕，中国国家主席习近平在塞内加尔《太阳报》发表题为《中国和塞内加尔团结一致》的署名文章。文章中提到，中方提供融资实施的乡村打井工程将建设 251 口水井和 1800 公里管线，解决塞内加尔七分之一人口的吃水用水问题。

★ 村民在塞内加尔久尔贝勒区的泰内富勒村取水。（新华社记者 韩旭摄）

据介绍，乡村打井工程涉及塞内加尔 14 个大区中的 12 个。每套供水系统包括水井、水塔、输配水管道及配水设施，最高日供水规模达 8 万立方米。工程还为当地 3000 多人创造了就业机会，迪奥姆就是其中一位。

打井队在巴林村施工时，迪奥姆亲眼看到了打井的不易。在沙漠中找到水源非常困难。有时，要找到合适的打井点就要花上一个多星期的时间。

中地海外塞内加尔公司市场运营部经理魏锐说，打井项目地点都在农村，地质情况复杂，水位也很深，塌孔、漏浆等情况经常出现。

此外，农村地区恶劣的交通条件也为工程带来了不少困难。迪奥姆说，在雨季钻孔施工对施工人员来说非常困难，因为这里没有大路。

2018 年 9 月 20 日对巴林村来说是个大日子，迪奥姆和村民们见证了新水井的落成。2021 年 3 月，乡村打井工程通过了塞内加尔政府的验收。

中地海外塞内加尔公司负责人王伟说："现在，当地村民能够喝上干净充足的饮用水，农业和畜牧业用水也能够得到保证。"

水井落成了，迪奥姆作为一名水井协调员每天都在忠实地履行着自己的职责，也真切体会到中非合作及"一带一路"倡议给当地带来的实实在在的变化。

2021 年 11 月 29 日，习近平主席在北京以视频方式出席中非合作论坛第八届部长级会议开幕式并发表题为《同舟共济，继往开来，携手构建新时代中非命运共同体》的主旨演讲。他说："我愿郑重重申，中国永远不会忘记非洲国家的深情厚谊，将继续秉持真实亲诚理念和正确义利观，同非洲朋友一道，让中非友好合作精神代代相传、

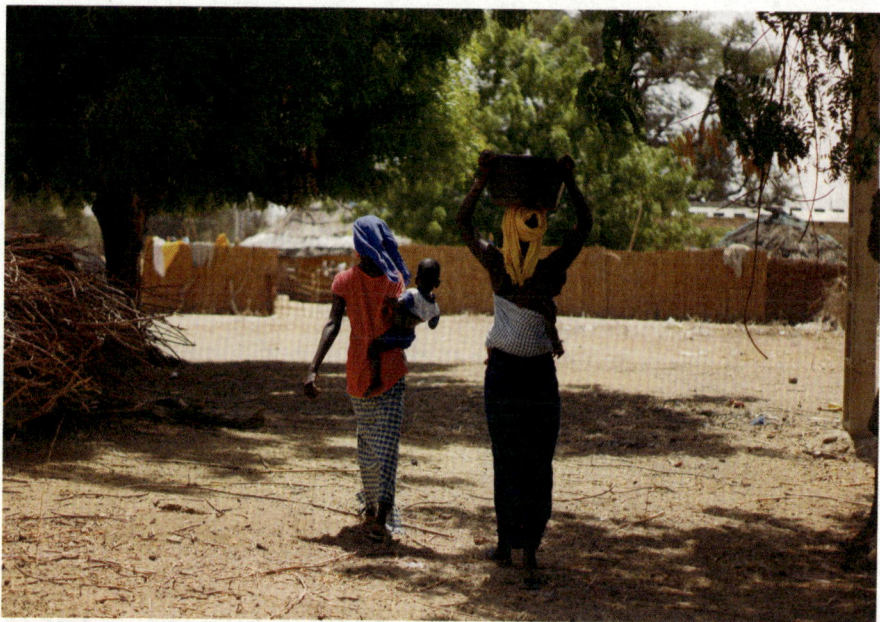

★ 在塞内加尔久尔贝勒区的泰内富勒村，村民将刚从公共取水点取到的水运回家。（新华社记者　韩旭摄）

发扬光大。"

　　迪奥姆真诚感谢中国政府为当地村民们修建的这一口"幸福井"。"很感谢中国朋友为我们村里带来幸福，感谢'一带一路'倡议。衷心希望塞中友谊地久天长，为孩子们创造一个美好幸福的未来。"

　　　　　　　　　　（新华社记者王子正、曹凯、刘畅、李琰）

"一带一路" 故事绘：

"幸福井" 边的守井人

2017 年 3 月 5 日，乡村打井工程在塞内加尔正式开工。乡村打井工程涉及塞内加尔 14 个大区中的 12 个。每套供水系统包括水井、水塔、输配水管道及配水设施，项目整体最高日供水规模达 8 万立方米。工程还为当地 3000 多人创造了就业机会。

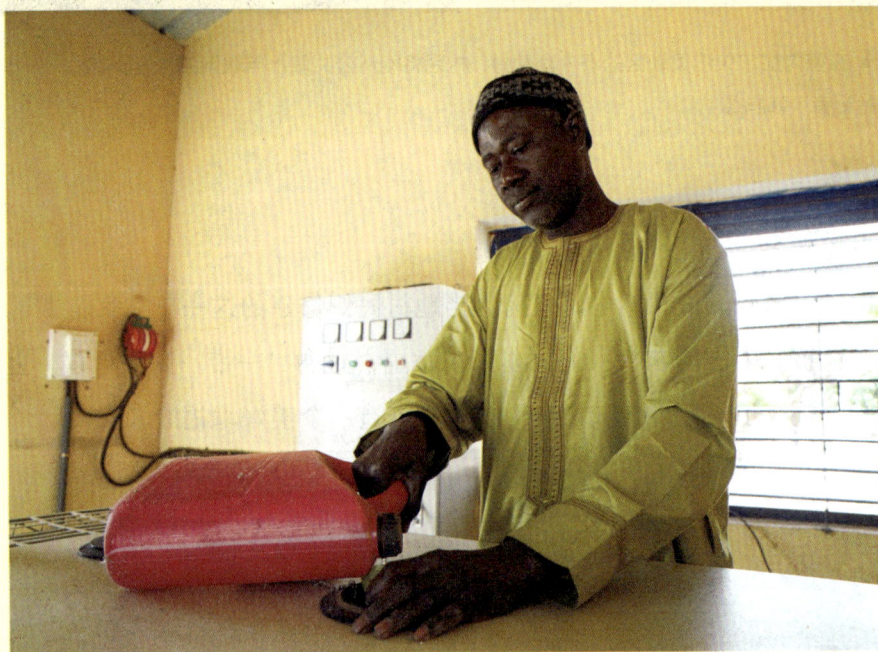

★ 在塞内加尔久尔贝勒区的泰内富勒村，马马杜·迪恩向发电机加注机油。（新华社记者 韩旭摄）

★ 在塞内加尔久尔贝勒区的泰内富勒村，马马杜·迪恩（右三）帮助村民取水。（新华社记者　韩旭摄）

马马杜·迪恩是中地海外塞内加尔公司乡村打井工程的一名水井协调员，负责维护泰内富勒村的水井。擦拭供水设备，检查运行状况，为发电机加注机油，迪恩的这些看似简单的工作对村民来说意义重大。"只有这样，全村人才能够每天都用到干净的水源。"迪恩说。

★ 马马杜·迪恩检查发电机组。（新华社记者　韩旭摄）

塞内加尔久尔贝勒区的泰内富勒村远离城市，炎热且荒凉。过去这里是一个缺水村落，村里的供水设施老旧不堪，村民的基本生活用水常年得不到保障。

2018年中地海外打井项目组到泰内富勒村开始施工时，迪恩就进入施工队进行挖井工作。迪恩说："现在有水了，孩子们能正常上学了，我们的生活也变好了。"

（新华社记者韩旭）

★ 在塞内加尔久尔贝勒区的泰内富勒村，马马杜·迪恩的妻子在家中做饭。（新华社记者　韩旭摄）

★ 在塞内加尔久尔贝勒区的泰内富勒村，马马杜·迪恩清洁发电机组。（新华社记者　王子正摄）

★ 在塞内加尔久尔贝勒区的泰内富勒村，马马杜·迪恩打开供水管阀门。（新华社记者 韩旭摄）

★ 马马杜·迪恩爬上水塔内部，准备检查和清理储水池。（新华社记者 韩旭摄）

★ 马马杜·迪恩（右）帮助村民取水。（新华社记者　韩旭摄）

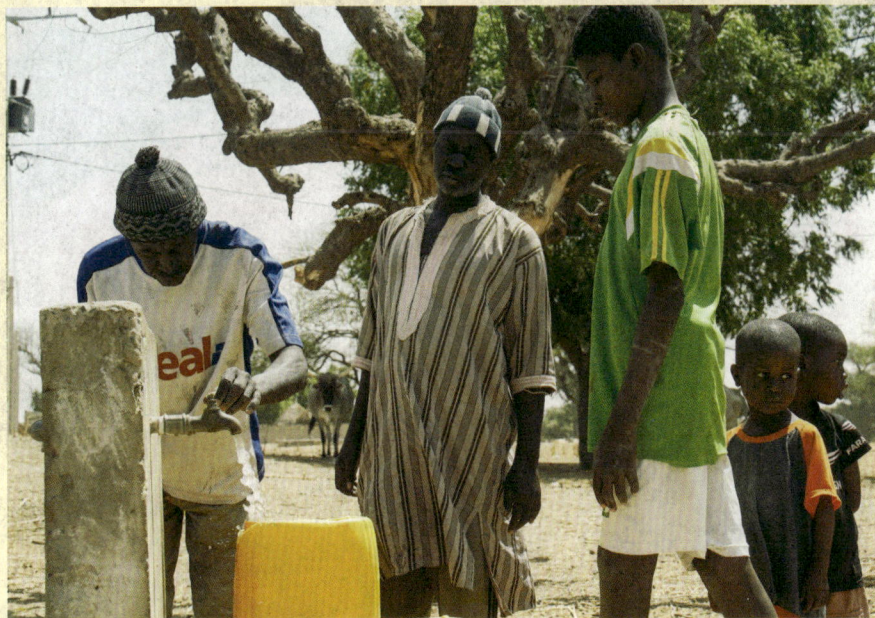

★ 村民在塞内加尔久尔贝勒区的泰内富勒村取水。（新华社记者　韩旭摄）

布塔桥重建项目

——"小而美"惠民生

布塔桥重建项目 位于太平洋中部的岛国基里巴斯由30多个岛屿和环礁组成，桥是当地民众出行的重要依托之一。塔拉瓦是基里巴斯人口最密集的地方，连接南北塔拉瓦的唯一通道仅是一座桥，此桥年久失修，已经无法行车。附近布塔村的民众长期面临出行难的问题，货物进出只能靠人力搬运。2021年12月，中铁一局集团有限公司基里巴斯分公司承担了布塔桥重建项目。随着新桥的启用，以往的"烦心桥"如今成为实实在在的"便民桥"。

★ 图为2022年3月20日拍摄的塔拉瓦市布塔村便桥混凝土施工现场。（新华社发 中国中铁一局供图）

"小而美"项目
解决基里巴斯民众出行大问题

位于太平洋中部的岛国基里巴斯由 30 多个岛屿和环礁组成，桥是当地民众出行的重要依托之一。

塔拉瓦由一组环礁构成，是基里巴斯人口最密集的地方，拥有全国约一半人口。连接南北塔拉瓦的唯一通道仅是一座桥，此桥曾经年久失修无法行车。附近布塔村的民众长期面临出行难问题，货物进出只能靠人力搬运。

中基两国复交后，中方真诚帮助基方发展经济，改善民生。重新修建连接塔拉瓦南北的便桥，成为中方向基方援助的第一个基础设施建设项目。

2021 年 12 月下旬，项目现场工作开始实施。承建项目的中国中铁一局克服高温、海潮影响等多重困难，迅速建起一座结实耐用的便桥。2022 年 4 月，项目顺利通过基里巴斯基础设施部竣工验收。

随着便桥完成，车辆可往返布塔村与南塔拉瓦，消防车等应急车辆能够驶入布塔村，当地民众再也不需要将车停在桥头、靠肩背手提把生活物资搬运进村。

中铁一局项目经理黄伟表示，项目组进行了周密的设计和精细的施工。考虑到布塔村村民出行极为不便，项目实施重点一方面是抓紧时间尽快完成，另一方面也要给当地民众提供安全、持续、可靠的出行道路。

授人以鱼，更要授人以渔。项目建设过程中，中方企业聘请的全部是当地员工，累计从布塔村招聘30多人次，用工合计9000多个工时。此举不仅为当地村民创造了工作机会，还在施工中将中方的技术传授给了当地人，得到了村民的广泛好评。

比纳蒂在布塔村经营一个小商店，售卖米面油等生活物资。便桥没有修好时，比纳蒂每次进货只能在旧桥头雇临时工，一点一点地将货品扛过桥，再用手推车搬运到800多米开外的商店，费时又费钱。现在，只要批发商掌握好潮落时间，就可以直接把车开到商店门口。

现在，这座便桥已成为联通南北塔拉瓦的重要通道。为更好造福当地民生、促进经济发展，中基双方正就布塔桥主桥和周边道路建设进行了可行性研究。基础设施建设联通了中基两国民心，加强了中基两国友谊。

（新华社记者郝亚琳）

一座桥的重建

位于太平洋中部的岛国基里巴斯由30多个岛屿和环礁组成，桥是当地民众出行的重要依托之一。在基里巴斯首都塔拉瓦，中国企业修筑的一座便桥解决了困扰当地民众多年的出行难题。

村民乔·帕萨德在布塔村经营一个制作水泥空心砖的小工厂。过去几年，由于通行条件限制、客源稀少，工厂濒临倒闭。项目开始后，帕萨德和他的儿子们都在工地参与

★ 这是2021年12月24日在基里巴斯塔拉瓦市布塔村拍摄的便桥施工现场。（新华社发 中国中铁一局供图）

建设。他表示，便桥修好后，他可以接到更多订单，制作好的砖也可以快速售卖运输出去。

　　布塔桥重建项目地处赤道地区，常年炎热高温，潮汐使每天有效的施工时间只有 4 小时，但项目组克服了高温和海潮等多重困难，仅

★ 这是 2022 年 1 月 2 日拍摄的塔拉瓦市布塔村便桥施工现场。（新华社发　中国中铁一局供图）

★ 2022年2月，塔拉瓦市布塔村便桥主体工程完工，施工人员合影。（新华社发　中国中铁一局供图）

用几个月就建起了一座结实耐用的新桥。

布塔桥项目建设的高标准、高要求、高效率得到了基里巴斯各界肯定。同时，项目建设累计从布塔村招聘30多人次，用工合计9000多个工时，为村民创造了工作机会，还帮他们在施工中学习了建筑技能。

（新华社记者郝亚琳）

丝路医疗

——打造「健康丝绸之路」

丝路医疗　卫生领域合作是"一带一路"建设的重要内容。以改善各国人民健康福祉为宗旨的"健康丝绸之路",为深化全球卫生合作提供了诸多公共产品,成为"一带一路"参与国民心相通的重要纽带。从传染病防控、卫生援助,到人才培养、中医药推广,中国与"一带一路"参与国家的健康交流合作不断深化,中国医疗卫生领域的经验正播撒在"一带一路"的各个角落。

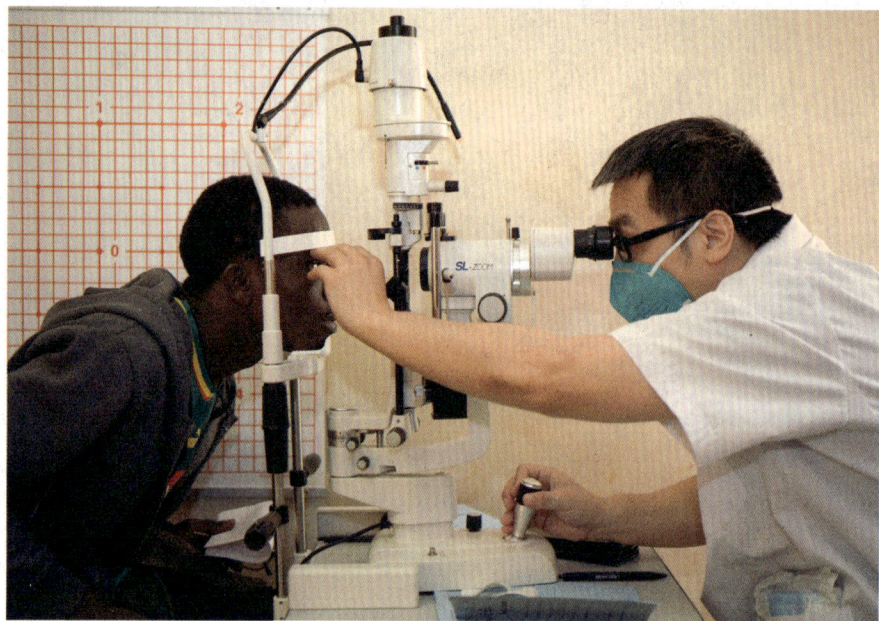

★ 2023年3月21日,在塞内加尔迪亚姆尼亚久儿童医院,中国第19批援塞内加尔医疗队眼科医生严端为患者做检查。(新华社记者　韩旭摄)

中医暖人心

——记中国援马耳他医疗队为"一带一路"项目建设者义诊

中医讲座、把脉问诊、针灸推拿……2023 年 5 月 12 日下午，来自地中海地区中医中心的第 18 期中国援马耳他医疗队来到德利马拉

★ 2023 年 5 月 12 日，在马耳他马尔萨什洛克，第 18 期中国援马耳他医疗队邢雪梅医生做关于颈腰痛康复治疗的讲座。（新华社记者　陈文仙摄）

三期燃气电站办公现场提供义诊服务，当地员工兴奋不已，纷纷前来体验中医治疗。

德利马拉三期燃气电站是由上海电力（马耳他）控股有限公司控股经营，是上海电力股份有限公司在马耳他投资建设的"一带一路"重要合作项目。

在义诊开始之前，医疗队队员邢雪梅医生为在场的员工们就颈腰痛的康复治疗做了一个简短的中医讲座。两名外籍员工踊跃配合，在医生的指导下演示训练动作。讲座结束后，医疗队还分发了膏药、清凉油、香囊等物品。

"医生说过几天我的颈部疼痛会更好些，但我现在就已经感觉到有明显改善了，这很神奇。"马里奥·博奇在三期电站工作已有4年，对中医文化有所耳闻，但体验治疗是首次。他说，跟中国同事相处起来很愉快，在公司里体验了中国春节，品尝了中国美食，也学会了一些简单的中文。

同在电站工作的外籍员工雷纳塔·西贝尔说："医生帮我推拿治疗时，感觉真的非常好。"她还说："这次治疗机会难得，医生的讲座同样令人印象深刻，如果以后有机会，还会接受中医治疗。"

当天义诊活动也吸引了当地的国际能源服务中心公司人员参与。该公司董事长约翰·扎米特常被颈椎疼痛困扰，早早就来到义诊现场，不仅仔细聆听了讲座，还在现场接受了颈部的针灸和拔罐治疗。

"这是我首次接受中医治疗，感觉不错。"扎米特一边接受医疗队队长董晓燕的治疗，一边对新华社记者说。他表示，中国医疗队来现场讲座和义诊，是一个了解中医和尝试中医的好机会，对大家很有帮助，非常感谢医生们的付出。

德利马拉三期燃气电站总经理成勋表示，目前电站的外籍员工占

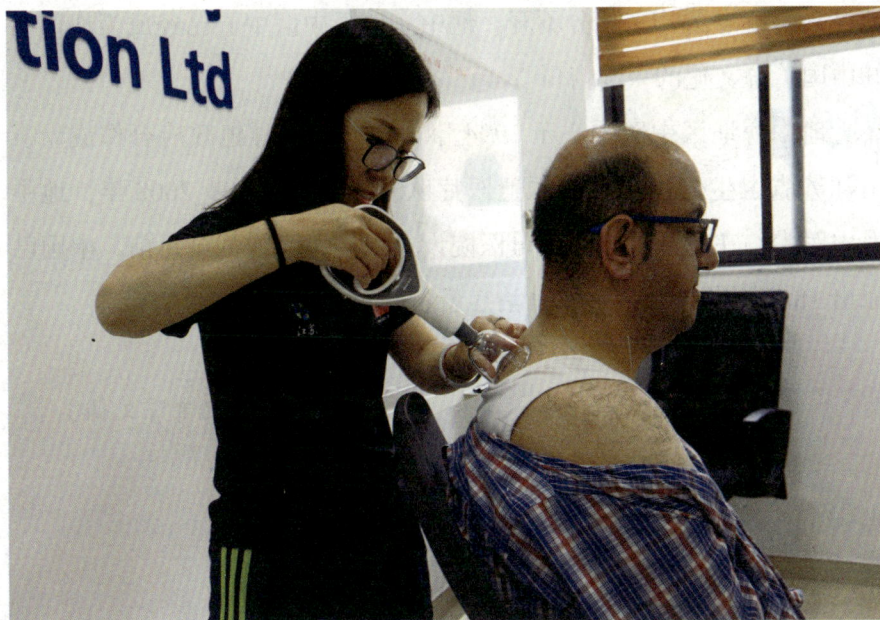

★ 2023 年 5 月 12 日，在马耳他马尔萨什洛克，第 18 期中国援马耳他医疗队队长董晓燕为一名男子提供中医治疗。（新华社记者 陈文仙摄）

比超过 60%，既有马耳他本地人，也有来自希腊、塞尔维亚等国家的员工。他说，三期电站是中国企业，在马耳他生根了七八年，企业的外籍员工对中国文化比较认可，有些员工也曾接受中医治疗，相信中医的疗效。经过包括援马医疗队在内的一批批中国人的努力，中医文化在地中海地区的影响力不断扩大。

董晓燕表示，援马耳他医疗队是国家层面向欧洲派遣的唯一的中医队伍，服务"一带一路"共建国家及项目建设，是推动中医药"走出去"的体现。近年来，马耳他民众对中医药的兴趣与日俱增，中医成为不少当地患者的新选择，甚至不少当地医院的医生会主动推荐患者进行中医治疗。这与医疗队经常开展学术交流及义诊活动，帮助当

地民众了解中医药文化分不开，地中海地区中医中心已经成为他们感知中国传统文化的一扇窗口。

地中海地区中医中心于 1994 年由中国和马耳他政府合作成立，由江苏省卫生健康委员会派遣医疗队开展诊疗工作。2008 年，地中海中医中心在马耳他国立圣母医院设立了中医科。截至目前，中国已派出 18 期援马医疗队，累计治疗患者约 25 万人次。

（新华社记者陈文仙）

"一带一路"故事绘：

非洲大陆最西端的中国医生

随着"一带一路"建设的不断深入，新时代援外医疗工作以"一带一路"共建国家为重点，不断深化国际卫生合作交流。

塞内加尔位于非洲大陆的最西端，地理位置独特，是首个与中国签署"一带一路"合作文件的西非国家。中国第 19 批援塞内加尔医

★ 塞内加尔迪亚姆尼亚久儿童医院。（新华社记者　韩旭摄）

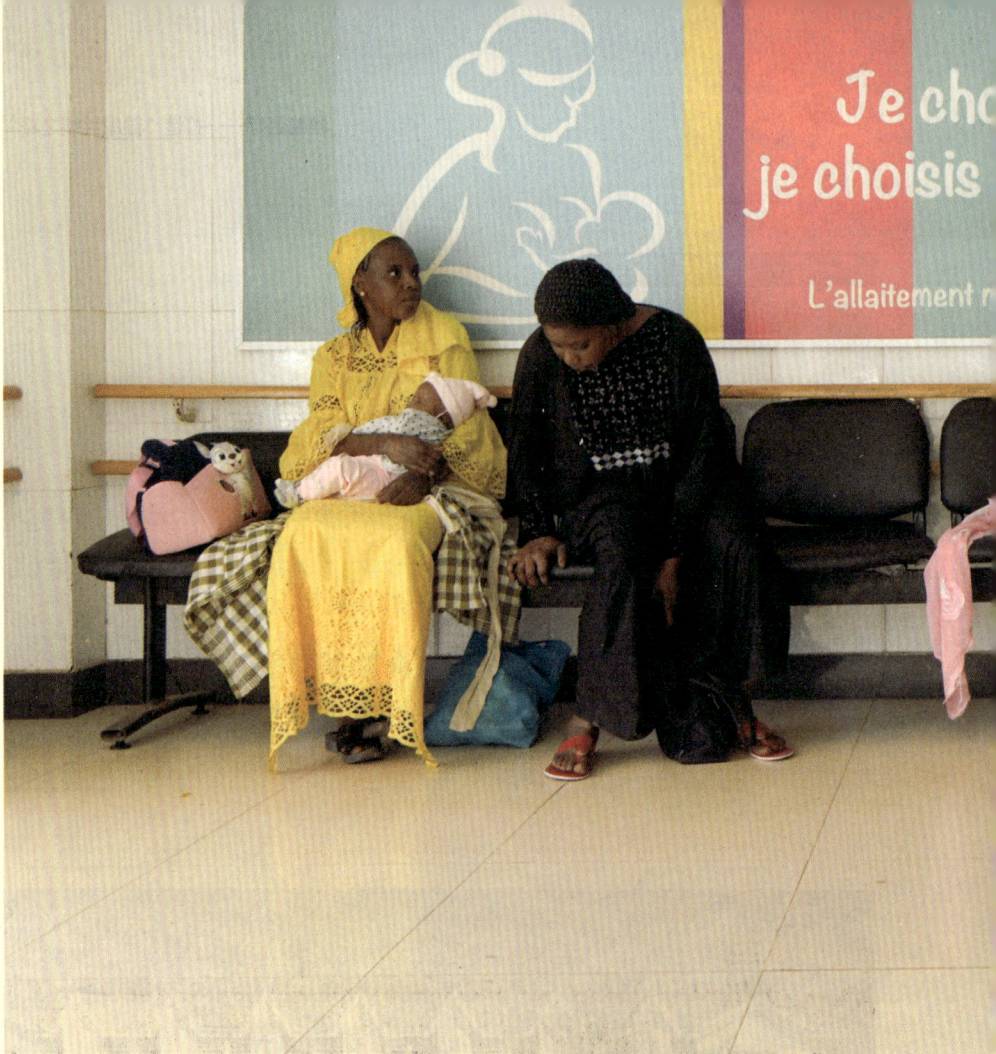

★ 患者和家属在塞内加尔迪亚姆尼亚久儿童医院候诊。（新华社记者 韩旭摄）

疗队于 2021 年 11 月抵达塞内加尔，在迪亚姆尼亚久儿童医院开展为期两年的援外医疗任务，中国医生的精湛医术和强烈责任心受到当地民众的高度评价和普遍赞扬。

　　该医疗队荣获国家卫健委"2022 年卫生援外工作表现突出集体"称号，截至 2023 年 3 月 31 日，医疗队完成门诊 7058 人次，手术 3150 台次，麻醉 1039 台次。

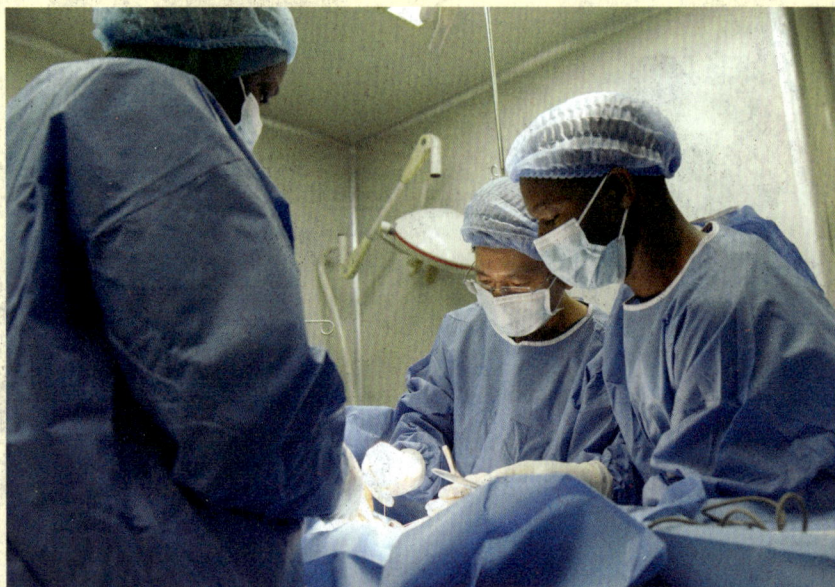

★ 外科医生张勇（右二）为患儿做手术。（新华社记者 韩旭摄）

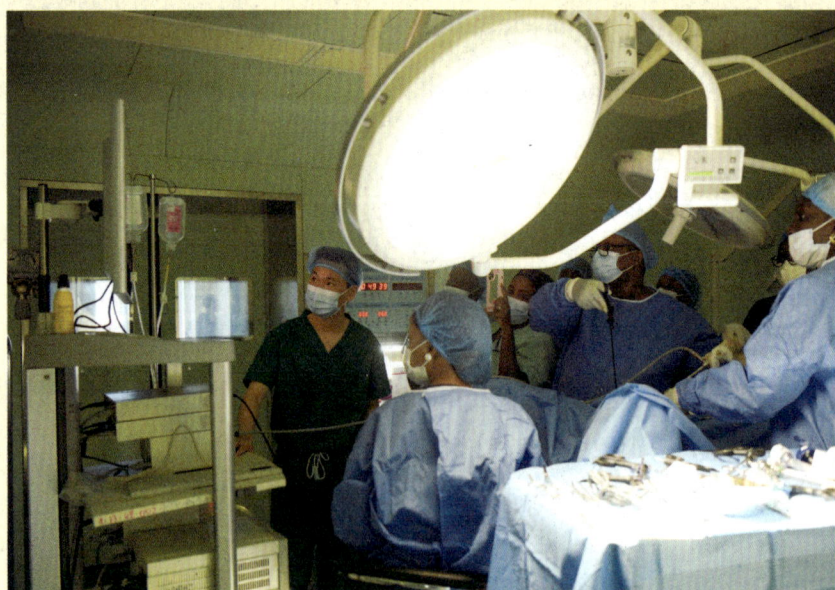

★ 护师邱景华（左一）配合医生手术。（新华社记者 韩旭摄）

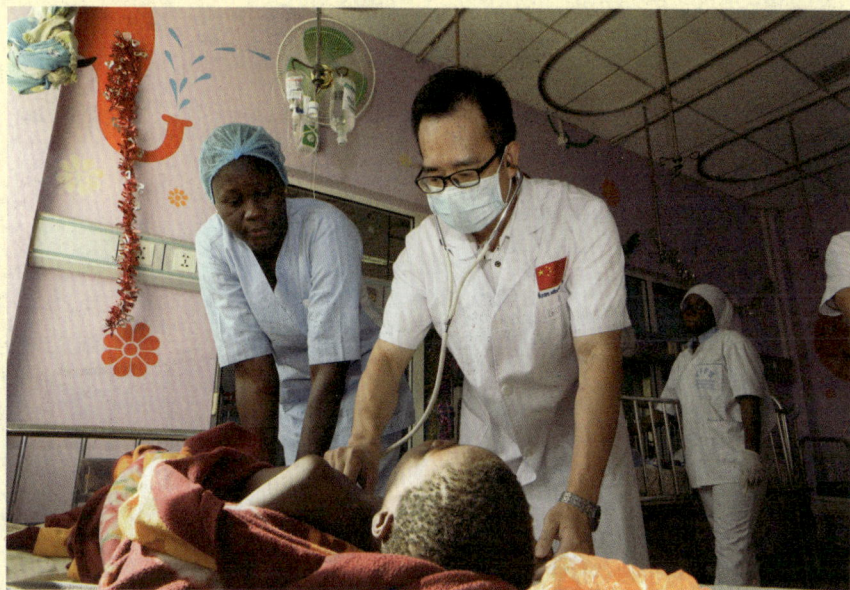

★ 内科医生郭良华为患儿做检查。（新华社记者　韩旭摄）

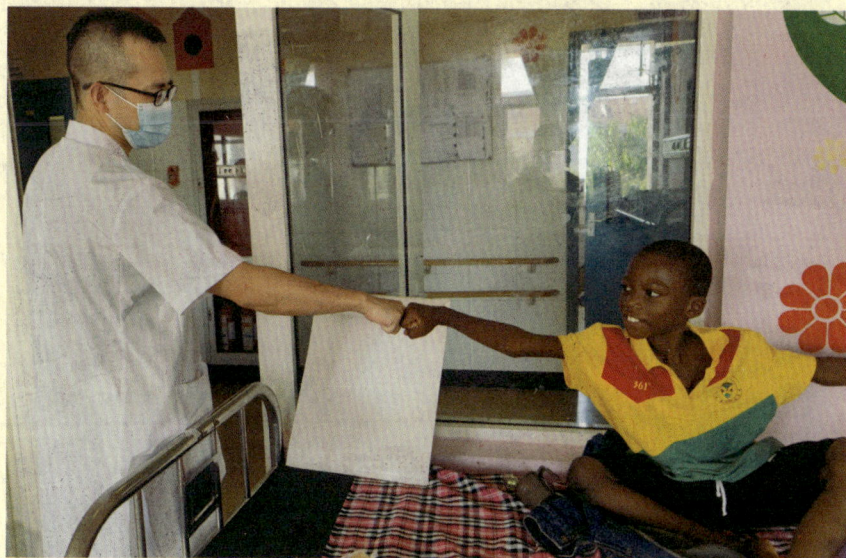

★ 内科医生郭良华与患儿碰拳示意。（新华社发　中国第 19 批援塞内加尔医疗队供图）

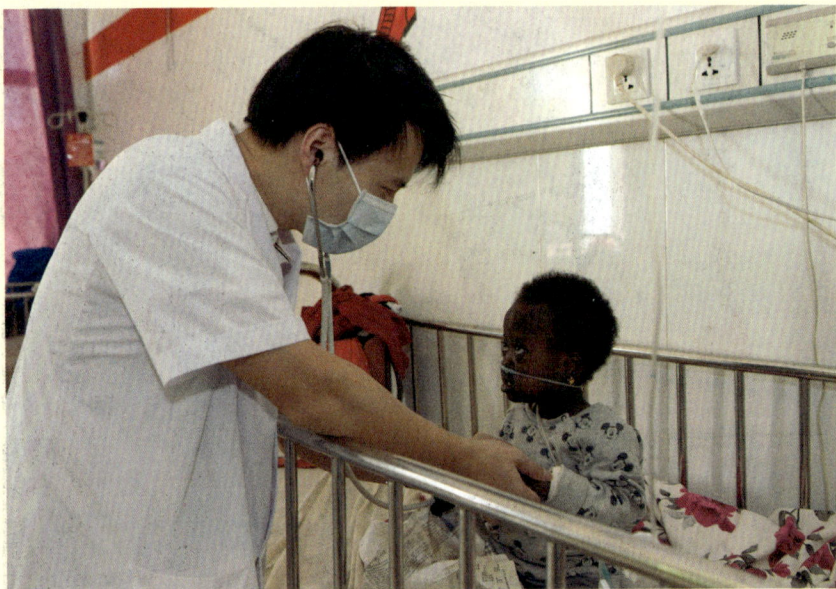

★ 儿科医生汤荣宁为患儿做检查。（新华社记者　韩旭摄）

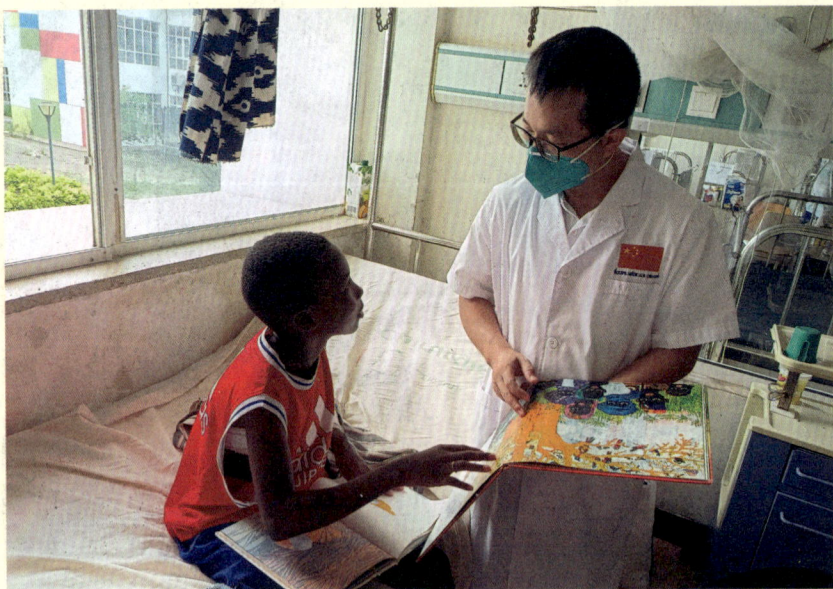

★ 骨科医生周长嵩与患儿在一起。（新华社发　中国第 19 批援塞内加尔医疗队供图）

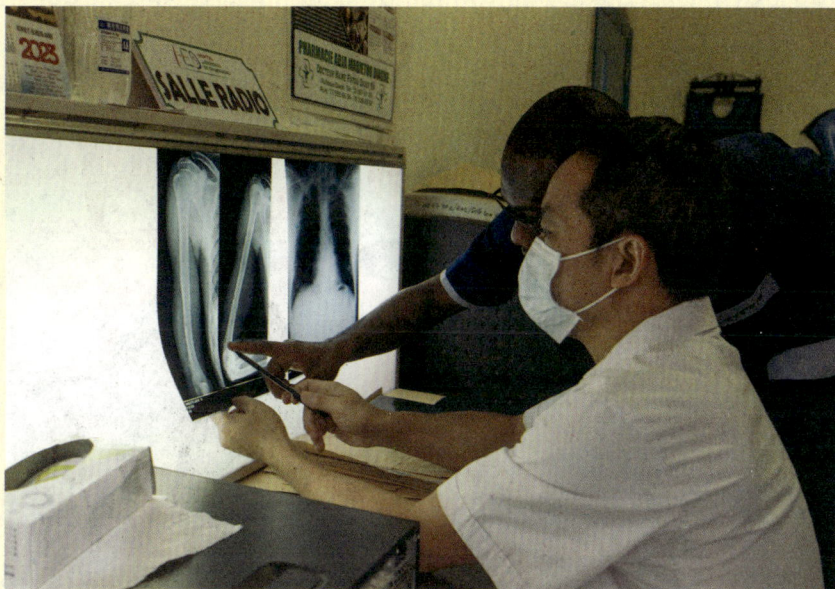

★ 影像科医生江文匡与当地医生一起查看患者的影像检查结果。（新华社记者　韩旭摄）

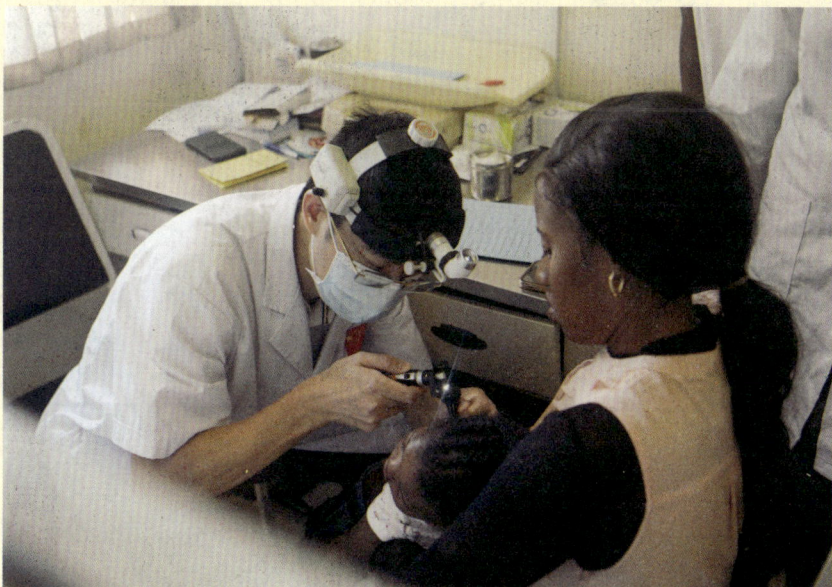

★ 耳鼻喉头颈外科医生蔡志良为患儿做检查。（新华社记者　韩旭摄）

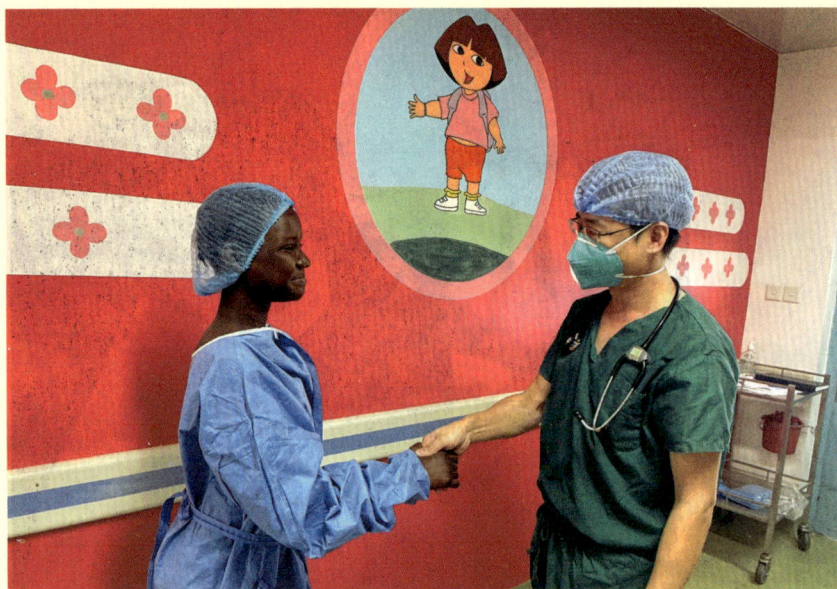

★ 麻醉科医生黄建斌鼓励即将进行手术的患者。（新华社发　中国第 19 批援塞内加尔医疗队供图）

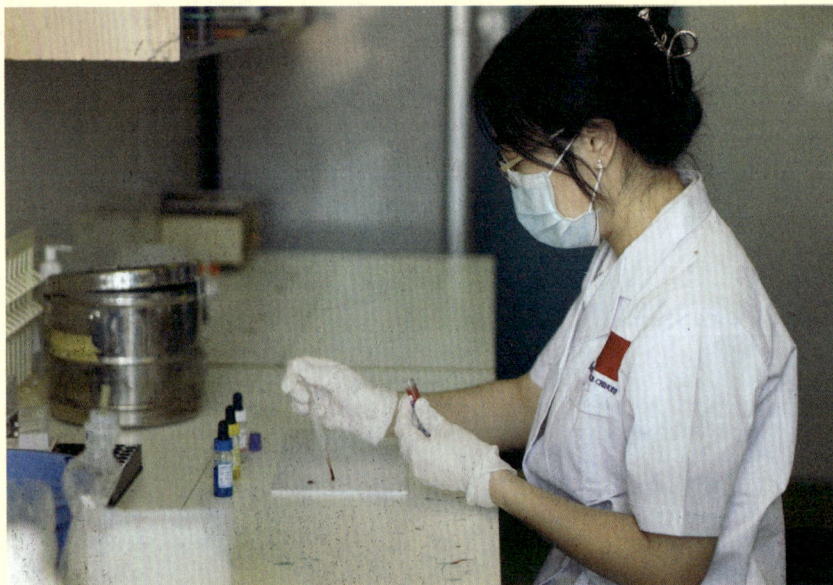

★ 检验科医生彭捷鉴定患者血液样本。（新华社记者　王子正摄）

★ 第 19 批中国援塞内加尔医疗队成员在塞内加尔迪亚姆尼亚久儿童医院合影。（新华社记者 韩旭摄）

中国茶

——沿「一带一路」飘香世界

中国茶 在遥远的过去，曾有一片神奇的树叶，叩开了古代中西方文化交流的大门，它就是中国茶叶，也是西方人口中"神奇的东方树叶"。随后，独一无二的茶文化伴随着茶叶，沿丝绸之路走出了中国，走向了世界。目前，"一带一路"共建国家大部分为茶叶消费国和中国茶叶的主要出口市场之一，中国茶叶正沿着"一带一路"飘香世界。

★ 一个茶农在遵义市湄潭县流河渡生态茶园内展示采摘的茶叶。（新华社记者 欧东衢摄）

★ 福建省福鼎市太姥山镇一处种植白茶的茶山。（新华社记者　林善传摄）

中国茶飘香非洲

——茶香里的"一带一路"故事

2023 年 3 月 18 日，今年首列"湖南 – 非洲"茶叶出口专列从湖南省株洲市发车，通过湘粤非铁海联运奔赴非洲，为 6 月底在长沙开幕的第三届中非经贸博览会加油助力。

★ 加纳首都阿克拉市中心一处商店的中国茶。（新华社发 赛特摄）

非洲已成为中国茶叶重要市场。中国海关总署数据显示，2022年中国茶叶出口量前十位的国家和地区中，有 6 个非洲国家。

"中国茶叶出口的第一方阵在非洲。对茶叶出口企业来说，非洲市场非常重要。"湖南省茶业集团股份有限公司副总经理王树波说。

王树波从事茶叶行业 29 年。为开拓非洲市场，他 20 年前首次踏上非洲大陆。初到非洲，他发现非洲人喜欢喝中国绿茶。此后多年，他逐步在非洲打开了销售局面。

"在北非和西非的很多国家，喝茶早已成为当地人不可或缺的生活习惯。他们喜吃牛羊肉，而茶能解腻，以珍眉茶和珠茶为代表的中国绿茶，因其独特的风味口感受到当地人欢迎。"王树波说。

在加纳首都阿克拉闹市区的一家商店内，老板佩兴丝·多尔凯努

★ 茶农在遵义市湄潭县流河渡生态茶园内采摘茶叶。（新华社记者 欧东衢摄）

湖北省鹤峰县走马镇的茶园。（新华社发　杨顺丕摄）

正忙着招呼顾客。他告诉记者，中国茶叶在他店里已经销售 10 多年，吸引了大量客流。

"中国茶叶是我们店里的主打产品。"他说，近年来，中国茶的健康功效越来越受加纳人青睐，很多人在网上看到中国茶有益健康，于是前来购买。除了加纳人，顾客中还有不少尼日利亚人。

加纳茶叶经销商弗兰克·耶博阿说，许多消费者喜欢绿茶，因为他们觉得中国绿茶具有帮助消化、调节肠胃和减肥等功效，有时客人喜欢把茶叶包装起来，作为礼品送给朋友。

中国茶叶在塞内加尔也十分受欢迎。"喝中国茶快成为当地一种文化了。"家住塞内加尔首都达喀尔近郊的桑巴·恩迪亚耶告诉记者，"中国茶品质好、风味独特，他身边不少人经常购买。"

★ 2023 年 6 月 16 日，在肯尼亚首都内罗毕，宋爱在店内泡茶。（新华社记者　李亚辉摄）

　　摩洛哥在 2021 年和 2022 年连续成为中国茶叶出口量第一的市场。2022 年 11 月，在摩洛哥首都拉巴特召开的联合国教科文组织保护非物质文化遗产政府间委员会第 17 届常会上，"中国传统制茶技艺及其相关习俗"被列入联合国教科文组织人类非物质文化遗产代表作名录。

　　来自摩洛哥的哈南·加穆是中南大学建筑学专业留学生。到中国后，她发现除了绿茶，中国的红茶、黑茶和花茶等也非常不错。"今年暑假回家，我打算带一些'茶颜悦色'的茶包回去给家人尝尝。"她说。

　　随着中国茶叶风靡非洲，越来越多的中国人开始深耕非洲市场。2008 年，来自产茶大省福建的宋爱来到肯尼亚。她发现，肯尼亚温

★ 汉中市南郑区青树镇一家茶企生产线上加工的茶叶。（新华社记者　邵瑞摄）

和的气候、肥沃的火山灰土壤等自然条件赋予了肯尼亚茶叶清新质朴的茶香和甘醇的口感。

这让宋爱萌生了用中国制茶工艺加工肯尼亚优质茶叶的想法。2015 年，宋爱创立茶叶品牌秦亚，英文名"Chinya"，取自中国和肯尼亚两国英文名，寓意"中肯的完美结合"。

如今，宋爱在肯尼亚已有两家茶叶加工厂。"茶叶就像纽带，随

★ 茶农在湖北省宣恩县椒园镇庆阳坝村的茶园采茶。（新华社发　宋文摄）

着我们的推广和来肯尼亚的中国人越来越多，当地人慢慢接受了我们的饮茶方式，了解并喜欢上中国茶文化。"宋爱说。

以茶会友，茶以载道。近年来，在"一带一路"倡议和中非合作论坛、中非经贸博览会等平台促进下，中非经贸往来不断深化，一片小小的茶叶使中非双方联结更加紧密。

第三届中非经贸博览会举行前夕，记者走进位于中非经贸合作促进创新示范园的中国安化黑茶国际馆，活字黑茶、生肖星座黑茶、口袋薄片茶、象棋茶……工作人员正有条不紊地清点各类茶叶文创产品、布置场地，为博览会做最后准备。

展馆负责人熊建勋介绍，传统安化黑茶以砖茶、饼茶、百两茶、千两茶等形态运输与保存。为了更好地让非洲朋友接受黑茶，他们不仅推出了袋泡茶等产品，还推出 20 多款文创黑茶，激发非洲朋友对黑茶和中国茶文化的兴趣。

不久前，一家坦桑尼亚公司联系到熊建勋，希望定制一款公司名片茶。"打开名片盒，里面是一块巧克力似的小黑砖，用手一掰，就可以一片片地泡茶喝，他们觉得既方便又能体现心意。"

熊建勋认为，只有让茶文化"活起来"，才能助其更好地"走出去"。

（新华社记者刘佑民、张玉洁、金正、周楚昀、许正、王子正）

千年闽茶出海忙

"开茶咯——"

春和景明，草木繁盛。在闽北武夷山，随着一声声嘹亮的"喊山"划破天际，沉睡了一个冬天的茶山再次被唤醒。

茶商龚雅玲趁着天气晴好，一早就带着茶工上山采摘。她在武夷山星村镇的 400 亩茶园，这一季春茶能产毛茶 4 万多斤。它们将被制成有机红茶和岩茶，销往美国等地市场。

★ 茶农在武夷山市星村镇的茶山上采摘新茶。（新华社发　陈颖摄）

茶香弥漫的"一带一路",产业合作、人文交流、民心沟通愈发活跃、通畅。茶叶,这片神奇的东方树叶,正在"一带一路"建设中书写时代新篇。

多彩闽茶热销海外

在武夷山下梅村,一个由茶叶、竹筏、浪花及半个地球仪状的基座组成的雕塑在阳光下熠熠生辉。这个小村庄,正是300多年前"万里茶道"的起点。

福建是我国主要产茶区之一,全省300多万亩茶园盛产红白绿青多种茶类,历史上曾以外销蜚声中外。

★ 武夷山市星村镇茶农在晾晒茶青。(新华社发 陈颖摄)

　　茶路繁盛时，武夷山的茶叶从下梅村码头出发，一路穿越亚欧大陆，抵达俄罗斯恰克图。而在更早之前，闽茶便已从泉州等地港口出发，沿着"海上丝绸之路"走向世界。

　　如今，千年闽茶重焕风采。福建省商务厅副厅长钟木达介绍说，近年来，福建大力推动做大做强做优茶叶出口，多彩闽茶在"一带一路"共建国家和地区市场不断拓宽。

　　据统计，2022年，福建全省茶叶出口金额超35亿元，同比增长6.9%，品牌化、高端化初现端倪。

★ 茶农在武夷山市星村镇的茶山上采摘新茶。（新华社发　陈颖摄）

泉州安溪是乌龙名品铁观音之乡，也是茶叶出口大县。2022年，全县茶叶出口近1.5万吨，销往全球65个国家和地区。

该县龙涓内灶茶叶专业合作社联合社在春茶季已经收到来自东南亚的订单约500万元，比去年同期增长超两成。联合社理事长陈敬敏说，他们的茶叶现在"原料茶变为成品茶""大宗货变为精加工""从产品出口到品牌出口"。

参加国际展会、开设专卖店、进行品牌巡展，近年来越来越多的福建茶叶品牌沿着"一带一路"走出国门。

"在法国巴黎米其林三星餐厅的菜单中，一杯我们的茉莉花茶售价28欧元，我们还成功进驻巴黎的奢侈品专卖店。"福建春伦集团有限公司董事长傅天龙介绍说，福州是茉莉花茶的发源地，带着"冰糖甜"的福州茉莉花茶大步进入欧洲的时尚之都。

如今，这家企业在法国的年销售额已达5000万元左右。他们还计划以法国为中心，向欧洲其他国家辐射发展。

"我们将持续深化'闽茶海丝行'活动，发挥闽茶文化推广中心作用，支持重点茶叶龙头企业在境外设立闽茶品牌旗舰店，拓展海外市场，参与国际竞争，畅通闽茶外销渠道。"福建省农业农村厅相关负责人表示。

中国元素"圈粉"世界

近年来，伴随片片茶叶漂洋过海的，还有浓浓的中国风、中国韵。

"我们带了百来个样品做展示，结果都被买光了。"2023年2月份在马来西亚雪兰莪州的"中国白·德化瓷"专题展会上，福建省德化金马车陶瓷有限公司的中国风陶瓷茶具大受欢迎，这让公司艺术总监徐建勇对中国元素出海充满信心。

"回国后,我们又设计了'熊猫杯'系列产品,准备推向马来西亚、新加坡等国市场。"徐建勇说。

向海而生的福建,有1600万侨亲身居海外。近年来,"以侨为桥",闽茶推广不断走向"一带一路"共建国家和地区,有效提升了中国茶文化在海外的知名度。

2022年5月,一个面向海外的公益性文化交流平台——"福茶驿站"启动授牌。截至2023年2月,福建省侨联已授牌海外23个国家和地区25个侨社团和文化类场所设立为首批"福茶驿站",推动中国茶融进海外家庭、餐厅、会馆、社(街)区。

★ 在位于福州市的福建茶叶进出口有限责任公司福兴茶叶加工厂流水线上拍摄的罐装的茉莉花茶。(新华社记者 周义摄)

  "我们将继续授牌，加强并进一步拓展'福茶驿站'布点，携手'福茶驿站'海外特约合作单位和茶企业合作单位，共同把'福茶驿站'打造成助力福茶国际交流合作的新亮点、新平台。"福建省侨联主席陈式海表示。

  走出去的茶文化也吸引越来越多的海外"茶粉"来到中国，万里寻茶。

  和记者匆匆一个照面，伊薇特（Yvette）便又一头扎进了茶山之中。3年前到武夷山的一次旅行，在这个迪拜姑娘的心里种下了一颗种子。

  伊薇特说，她要在武夷山生活一个月时间，深入体验如何采茶、制茶，学习不同茶具的使用方法。

  秀美的武夷山水、浓郁的岩茶岩韵，让伊薇特领略到了中国传统的生活美学。"这里人人都乐于分享自己对茶的感悟。我听鸟儿唱歌，呼吸新鲜空气，心灵和精神得到滋养，感觉自己重新与自然连接。"

  茶味、茶道、茶韵，传承千年的中国茶文化正在海外不断"涨粉"。

  波兰茶友在波兰创立茶文化节，并邀请音乐家到现场表演；巴西茶友给自己获赠的茶叶制作宣传海报，向身边人推荐分享；美国茶友甚至开发了专门的泡茶APP，海外茶友只要输入茶叶名称，系统便会提示如何进行冲泡，还能形成"喝茶报告"，该APP目前已经覆盖10多种语言，拥有1万多名用户……

以茶为"媒"互利共赢

  在福建省泉州市安溪县虎邱镇一座海拔955米的山头，云雾中，空气湿润而清新。占地1000多亩的高建发茶庄园里，除了800多亩生态茶园，还有可供几十名访客品茗休憩的建筑。庄园还打造了一整条制茶生产线，入住者可深度感受采茶乐趣，体验制茶工艺。

这是一次"茶与酒"的互鉴：通过近年来与法国、意大利部分葡萄酒产区的多次互访，安溪把欧洲葡萄酒庄园的管理模式引入茶园管理，目前全县已经建立了类似的茶庄园39座，成为安溪茶产业高质量发展的重要推动力。

互鉴助推互利，合作实现共赢。茶在"一带一路"很多国家和地

★ 村民在福建省福鼎市佳阳畲族乡的大园瑞草茶厂摊放白茶茶青。（新华社记者　林善传摄）

区都有种植，也是不少当地百姓的重要收入来源。福建茶人从"一带一路"共建国际取经、学习，也持续开展人才培养、技术培训等方面的援外合作，为发展中国家产业升级、群众富裕提供助力。

突出教育兴茶，从 2009 年至 2022 年末，茶叶特色学校漳州科技学院已成功承办 35 期国家援外培训项目，共有来自 55 个国家的上千人到校研修培训。

聚焦介绍农业产业化经验，作为南南合作基地的春伦茉莉花文创园，每年接待六七千名发展中国家培训考察人员。

茶，也成为"一带一路"民心相通、互利共赢的媒介和桥梁。

★ 在位于福州市的春伦茉莉花文创园，来自哥斯达黎加的华人华侨参观茉莉花茶的非遗制作技艺。（新华社记者　周义摄）

"文化传承" "好啊"

"一日为师" "好啊"

"终身为友" "好啊"

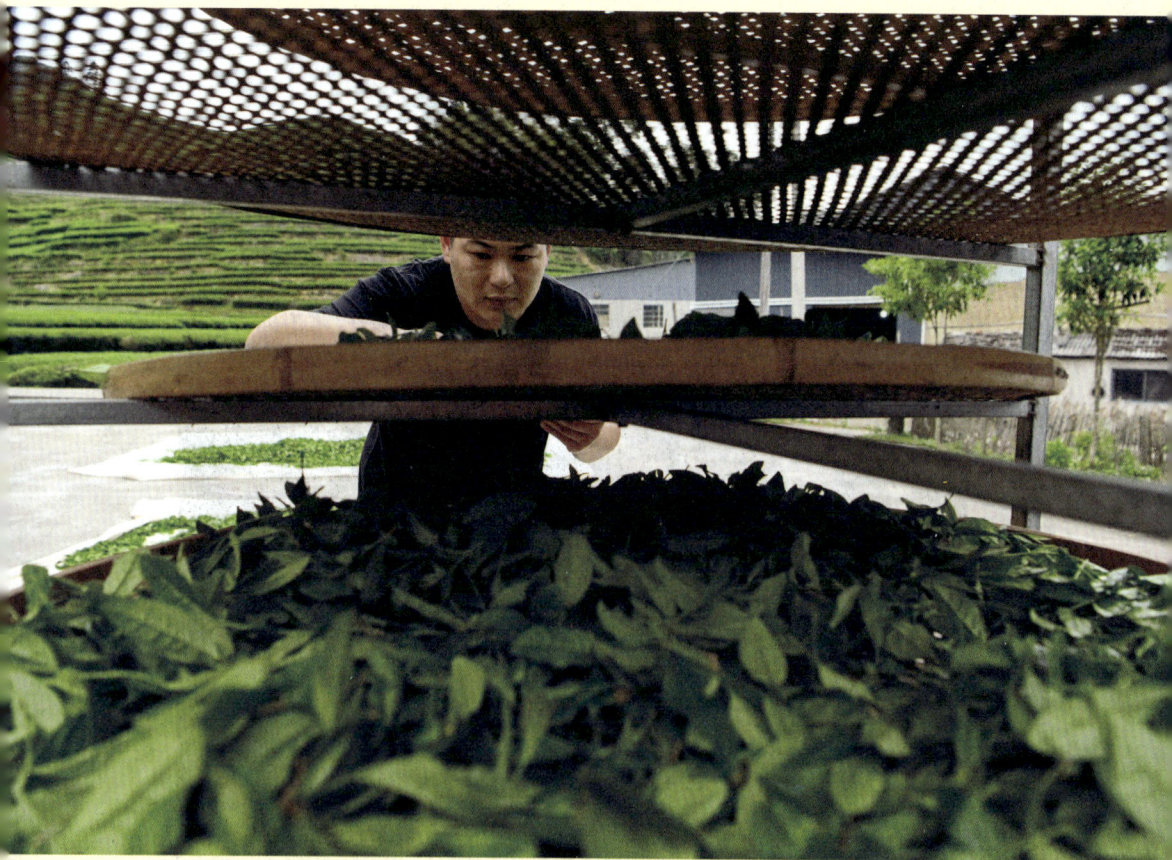

★ 武夷山市星村镇茶农分筛晾晒后的茶青。（新华社发 陈颖摄）

　　2023 年 4 月 12 日,18 名来自哥斯达黎加的华人华侨专程到福州追寻茉莉茶味。在展示完茉莉花茶的非遗制作技艺后,侨亲们还和现场的工作人员共同喊起了福州特色的喝彩——主人唱一句赞美词,客人和一个"好",现场气氛十分热络。

★ 采茶女工在福建省政和县铁山镇大红村"白鹭窠"生态茶园示范基地采摘二春白茶茶青(新华社记者　魏培全摄)

★ 在福建省南平市光泽县，制茶师傅在燃烧松材，进行传统正山小种红茶熏制过程中的生烟萎凋鲜叶工序。（新华社记者　林善传摄）

一片叶、一朵花、一段喝彩词，瞬间拉近了彼此的距离。

中美洲的哥斯达黎加是一个咖啡的国度，许多人家房前屋后都会种植咖啡树。绽放的咖啡花不仅与盛开的茉莉花一样洁白，而且有淡淡的茉莉花香。

"我们要把中国的茉莉花茶推广到哥斯达黎加，把哥斯达黎加

★ 在位于福州市的福建茶叶进出口有限责任公司福兴茶叶加工厂，码垛机械手在搬运成品茶叶。（新华社记者　周义摄）

的咖啡推广到中国。"看到"只闻花香不见花"的茉莉花茶，哥斯达黎加中国和平统一促进会常务副会长古志宏说道，他们期待一场茶与咖啡的奇妙融合。

（新华社记者邰晓安、庞梦霞、吴剑锋、周义）